DER BIER GARTEN FÜHRER

Echte Biergärten in München und Umgebung

KNÜRR

Sperberstr. 23 – 81827 München
Tel. 089 - 43 76 61 00 – Fax 089 - 4 39 29 86
knuerr-verlag@t-online.de
www.knuerr-verlag.de

Gestaltung und Herstellung:
Design T.I.E.M. Klaus Gderra, München
Tel. 089 - 388 378 9-0 – Fax 089 - 82 99 56 26
www.designtiem.com

Druck:
GGP Media GmbH, Pößneck

ISBN 978-3-928432-54-2

Seit über 200 Jahren ...

... gibt es die Münchner Biergartenkultur in ihrer heute bekannten Form. Seit 20 Jahren erscheint dieser Biergartenführer, die achte Auflage halten Sie in Händen. Als wir in den 90er-Jahren angetreten sind, sah die Welt anders aus – Halbliterkrüge im Biergarten waren tabu, Bierbänke hatten nirgends Lehnen und viele Wirte waren stolz darauf, dass sie von den aufwändigen Holztischen auf pflegeleichte Plastikmöbel umgestellt hatten.

Wir, das sind zweieinhalb Bayern und ein Zuagroaster: ***Klaus Gderra***, geborener Münchner und nicht zufällig zwischen Chinaturm und Aumeister zu Hause, ist mit seiner Werbeagentur für das Erscheinungsbild des Buches verantwortlich. ***Stefan Keil***, geboren in, naja, janz weit droben, zog nach München noch bevor er einen Maßkrug halten konnte. Als Cheftester übertrumpft er immer wieder seinen eigenen Kilometerrekord bei der Suche nach entlegenen Kastanienoasen rund um München. ***Curt Schneider*** kam in Rufweite des Taxisgartens zur Welt – das ferne Klingeln der Maßkrüge muss ihn frühkindlich geprägt haben. Er wirkte als Schankkellner und schrieb die Texte für dieses Buch. ***Ernst Stürzenhofecker*** kommt aus Nürnberg. Als Franke darf man ihm natürlich nicht nachsagen, dass er aus Bayern stamme. Und als Kenner der fränkischen Bierkeller wirft er ein wohlwollend-kritisches Auge auf die Münchner Maßkrugszene.

Wir sind durch eine harte Schule gegangen – nämlich unsere eigene. Und so haben sich die Kriterien dafür, was ein echter Biergarten ist und was nicht, nach langen Jahren gemeinsamen Drückens von Schul- und Biergartenbank fast von selbst ergeben.

Wir danken ***Josef Aschenbrenner*** vom Design T.I.E.M. für die humorvollen Cartoons, die er für dieses Buch gezeichnet hat. Und wir danken ***Alois Knürr*** vom Knürr-Verlag, der dieses Buch unter großem persönlichen Einsatz zum erfolgreichsten seiner Art gemacht hat.

Register

Die Zahlen hinter den Namen verweisen auf die Seitenzahl.
MVV-Plan siehe Seite 214.

Was ist ein echter Biergarten?

„Beergarden" locken Schilder in Kuala Lumpur und Oklahoma City, zwischen Berlin und Bocholt stampft man sie aus dem Betonboden, das Hamburger Imitat hat Vierertische. Ja in München selbst drohen Etablissements aller Art einen *„Biergarten"* an – mit entsprechendem Ergebnis: Möblierte Gartenterrassen samt Kellner in Fliege, der Carpaccio an Trüffelsauce serviert und dazu vielleicht ein Premium-Gebräu in Bonsai-Format gefällig?

Solche Lokalitäten haben in diesem Führer nichts zu suchen. Hier versammeln sich die echten Biergärten nach alter Münchner Tradition und nur diese. Das sind die Biergärten, zu denen an warmen Sommerabenden ganz München strömt, den Brotzeitkorb unterm Arm. Dort unter den Kastanien tut sich eine ganze Welt auf: Für den Gaumen gibt's das Bier, für die Ohren das Klingeln der Maßkrüge und das fröhliche Schwatzen von vielen tausend Stimmen, für die Augen das bunte Kommen und Gehen und die bajuwarische Freud am Leben, und über allem liegt der Duft von Brathendln und Steckerlfisch, kurz: ein Fest für alle Sinne!

Oktoberfeste, Glockenspiele, Lodenhosen gibt es längst auf der ganzen Erde. Doch der Augustinerkeller an einem warmen Sommerabend ist einmalig auf der Welt, das ist unwiederholbar, nicht verpflanzbar, das ist Münchens ureigenstes Lebensgefühl und darum beneidet uns der Rest der Welt.

A Brotzeit muss sein!

Der Biergarten ist im Sommer das Wohnzimmer der Münchner. Kein warmer Abend, kein Wochenende, an dem man ihn auslässt. Dazu gehört natürlich auch die Brotzeit, und damit sich's auch Kleinverdiener leisten können – und das jeden Tag! – dürfen alle den Radi, das Brot, den Wurstsalat selber mitbringen, nur das Bier muss man kühl vom Wirt kaufen. Manche Selbstversorger bauen üppige Tafelfreuden auf, die meisten sind bescheidener.

Der Brauch ist alt. Um 1725 begannen die ersten Brauereien, in den Gasteigberg und andere Anhöhen rund um die Innenstadt Keller für die Kühlhaltung des Märzenbieres zu treiben. Darüber wurden Kastanien angepflanzt, deren Schatten die Kellergewölbe zusätzlich schützte. 1812, also vor 200 Jahren, bestätigte König *Max I. Joseph* das Recht zum Ausschank.

Dorthin zog man nun an warmen Tagen, denn nur hier gab es kühles Bier – das Münchner Schattendasein war geboren. Und weil es ein reiner Ausschank ohne Küche und Klimbim war, brachte man die Brotzeit gleich selber mit. Bei dem Brauch ist es bis heute geblieben, auch wenn inzwischen der Wirt seine eigenen Haxn anbietet.

Selbstbedienung muss sein!

Wer sich bedienen lassen will, bitte, aber es muss auch Selbstbedienung möglich sein. Oder was soll man davon halten, wenn am schönsten und wärmsten Sommerabend, dann also, wenn der Durscht natürlicherweise am größten ist und ganz München unter die Kastanien strömt, auch das Bier am längsten auf sich warten lässt? Wem würde nicht der Hals dick und der Mund staubtrocken, wenn man an solchen Abenden nach einer halben Stunde Kampf um die Aufmerksamkeit der Bedienung nur ein *„i kimm ja glei"* aus der Ferne hört? Wem wäre da nicht Selbstbedienung lieber, selbst wenn es bis zum Zapfhahn ein paar Minuten dauern sollte, aber es geht voran! Am schönsten ist das im Hirschgarten zu sehen:
Bei Hochbetrieb werden im Garten einfach die Notschänken aufgemacht – die Holzfässer machen's möglich. Mit den Containern anderer Brauereien geht das leider nicht mehr. Aber Fass hin, Bier her, prost beinand, weil jetzt geht's los:

Übersichtsplan **Stadtgebiet**

Dieser Plan zeigt die Biergärten im Stadtgebiet München. Die Zahlen verweisen auf die Seiten, auf denen Sie die Biergärten finden.

- Übersichtsplan **Vororte:** Seiten 10/11
- Übersichtsplan **Umland:** Seiten 12/13
  Enthält die Biergärten in der weiteren Umgebung von München.

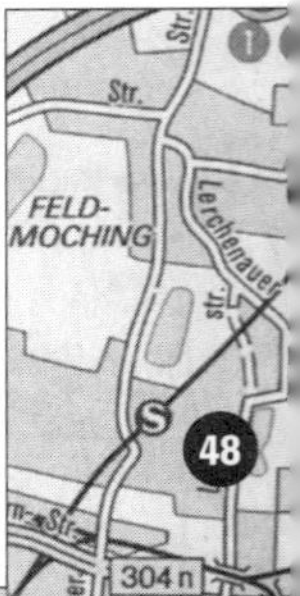
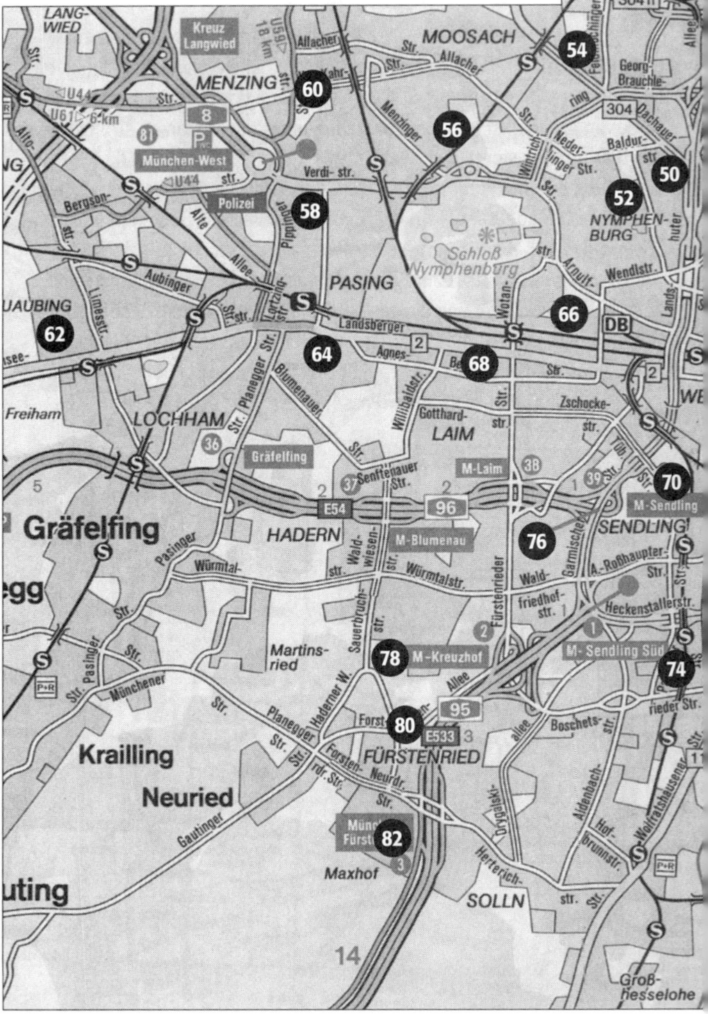

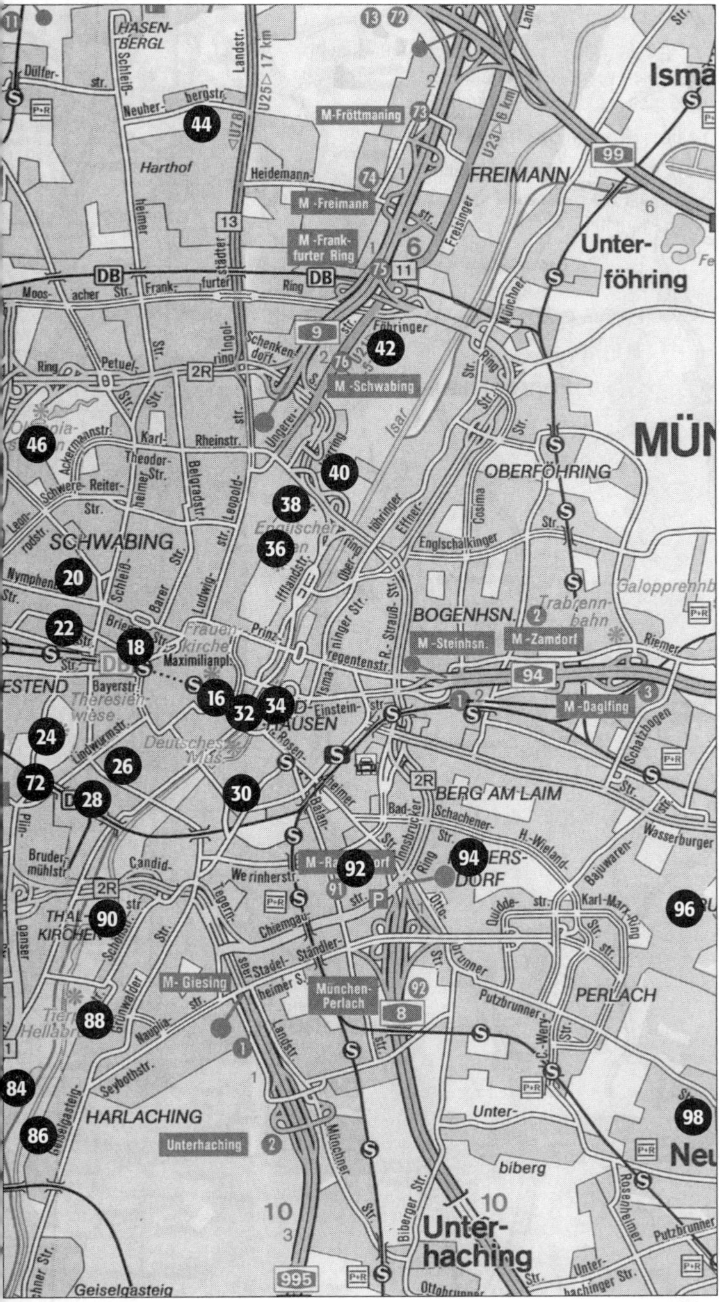
HASEN-
BERGL
Schleiß-
Dülfer-
str.
Neuher-
bergstr.
Landstr.
U25▷ 17 km
◁U78
44
Harthof
heimer
Heidemann-
M-Fröttmaning
M -Freimann
M -Frank-
furter Ring
FREIMANN
Freisinger
U23▷ 6 km
99
Ismä
Unter-
föhring
13
DB
Moos-
acher
Str.
Frank-
furter
Ring
städter
Ingol-
Schenken-
dorf-
Föhringer
42
M -Schwabing
9
Münchner
Ring
Petuel-
2R
Isar
46
Ackermannstr.
Karl-
Theodor-
Str.
Rheinstr.
Belgradstr.
Leopold-
str.
Ungerer-
40
38
36
Schwere-
Reiter-
Str.
Leon-
rodstr.
SCHWABING
Englischer
Effner-
föhringer
Englschalkinger
Cosima
OBERFÖHRING
MÜN
Nymphen
20
22
18
Frauen-
kirche
Prinz-
Ifflandstr.
Ober-
ring
R.-Strauß-Str.
BOGENHSN.
Trabrenn-
bahn
Galopprennb
M -Steinhsn.
M -Zamdorf
Riemer
Maximilianpl.
regentenstr.
Isma-
ninger Str.
94
ESTEND
Bayerstr.
Theresien-
wiese
16
32
34
Einstein-
str.
HAUSEN
M -Daglfing
Schatzbogen
24
Lindwurmstr.
26
Deutsches
Mus.
Rosen-
72
28
30
Balan-
2R
BERG AM LAIM
Bad-
Schachener-
Str.
H.-Wieland-
Wasserburger
Bruder-
mühlstr.
Candid-
Innsbrucker
Ring
M -Ra
92
94
ERS-
DORF
Bajuwaren-
Karl-Marx-Ring
96
We rinherstr.
Tegern-
Chiemgau-
str.
Quidde-
str.
THAL-
KIRCHEN
90
Schäftlarn-
Stadel-
heimer S.
Ständler-
Otto-
brunner
M- Giesing
München-
Perlach
92
8
PERLACH
Putzbrunner
Grünwalder
88
Tier
Hellabr
Naupia-
Landstr.
C.-Wery-
84
Seybothstr.
86
Geiselgasteig
HARLACHING
Unterhaching
Unter-
biberg
98
Neu
Rosenheimer
Münchner
Str.
Biberger Str.
Unter-
haching
10
995
Geiselgasteig
Ottobrunner
Unter-
hachinger Str.
Putzbrunner

Übersichtsplan **Vororte**

Dieser Plan zeigt die Biergärten in den Münchner Vororten.
Die Zahlen verweisen auf die Seiten,
auf denen Sie die Biergärten finden.

- Übersichtsplan **Stadtgebiet:** Seiten 8/9
- Übersichtsplan **Umland:** Seiten 12/13
  Umfasst die Biergärten in der weiteren Umgebung von München.

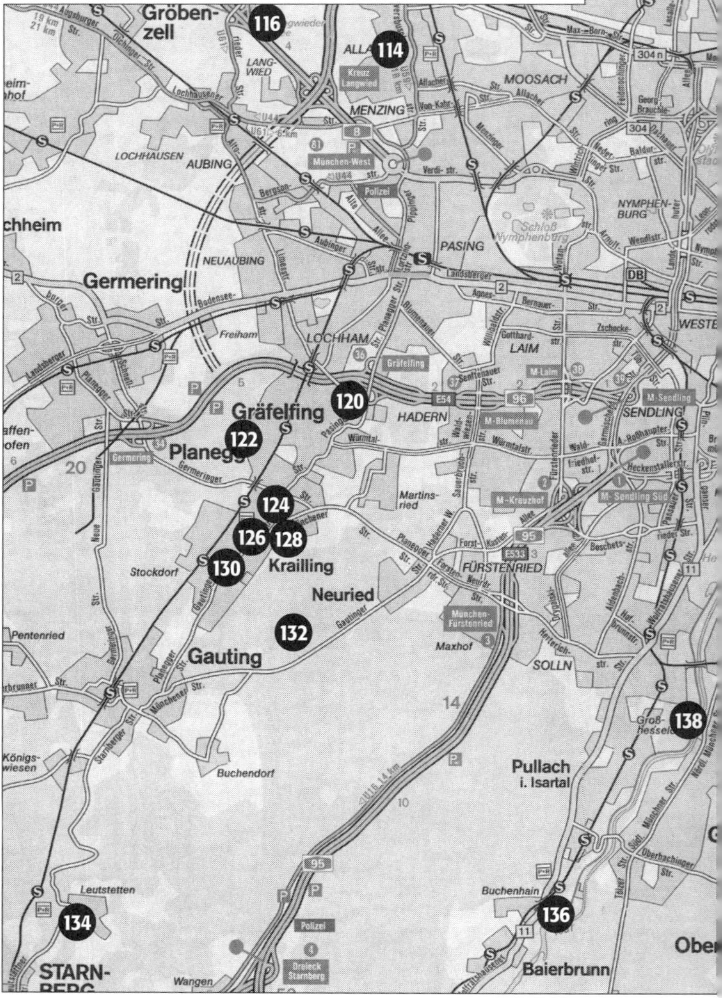

110

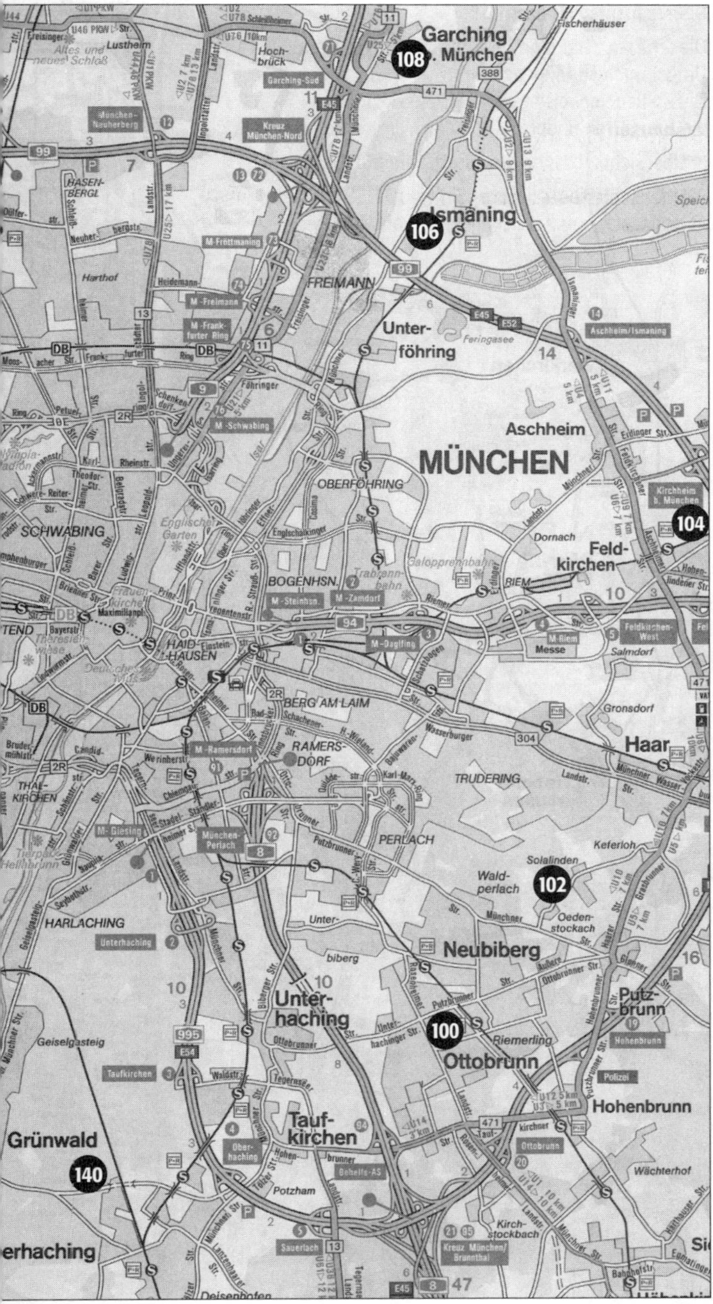
Garching b. München
108
Lustheim
Altes und neues Schloß
Hochbrück
Garching-Süd
München-Neuherberg
Kreuz München-Nord
HASENBERGL
Ismaning
106
M-Fröttmaning
Harthof
FREIMANN
M-Freimann
M-Frankfurter Ring
Unterföhring
Feringasee
Aschheim/Ismaning
M-Schwabing
Aschheim
MÜNCHEN
OBERFÖHRING
Olympiastadion
Englischer Garten
SCHWABING
Kirchheim b. München
104
Dornach
Feldkirchen
Galopprennbahn
Trabrennbahn
BOGENHSN.
RIEM
M-Steinhsn
M-Zamdorf
M-Riem
Messe
Feldkirchen-West
Salmdorf
Theresienwiese
HAIDHAUSEN
M-Daglfing
Deutsches Museum
BERG AM LAIM
Gronsdorf
Haar
M-Ramersdorf
RAMERSDORF
TRUDERING
THALKIRCHEN
M-Giesing
München-Perlach
PERLACH
Keferloh
Tierpark Hellabrunn
Solalinden
Waldperlach
102
HARLACHING
Oedenstockach
Unterhaching
Neubiberg
Unterhaching
Putzbrunn
100
Riemerling
Ottobrunn
Hohenbrunn
Geiselgasteig
Taufkirchen
Polizei
Hohenbrunn
Grünwald
Taufkirchen
Oberhaching
Ottobrunn
Wächterhof
140
Behelfs-AS
Potzham
Kirchstockbach
Oberhaching
Sauerlach
Kreuz München/Brunnthal
Deisenhofen

Übersichtsplan **Umland**

Dieser Plan zeigt die Biergärten in der weiteren Umgebung von München.
Die Zahlen verweisen auf die Seiten, auf denen Sie die Biergärten finden.

- Übersichtsplan **Stadtgebiet:** Seiten 8/9
- Übersichtsplan **Vororte:** Seiten 10/11
  Umfasst die nähere Umgebung von München.

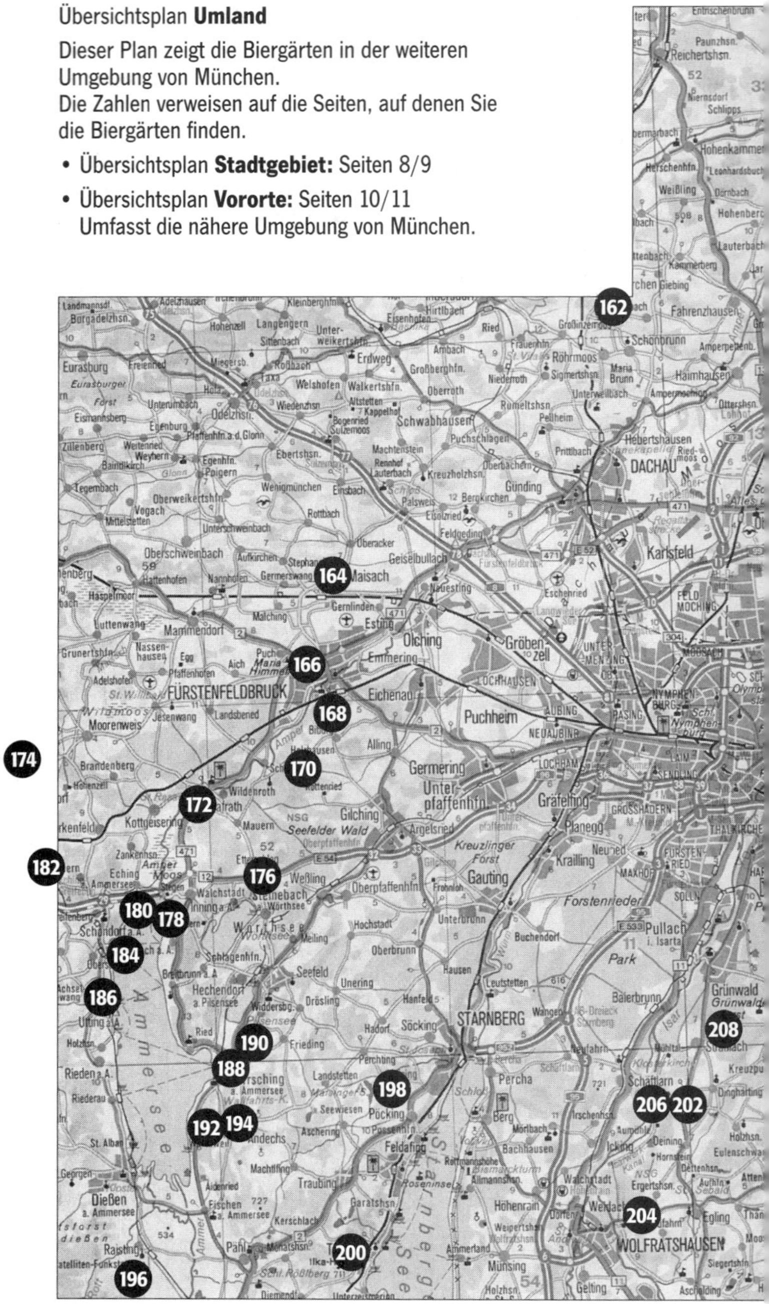

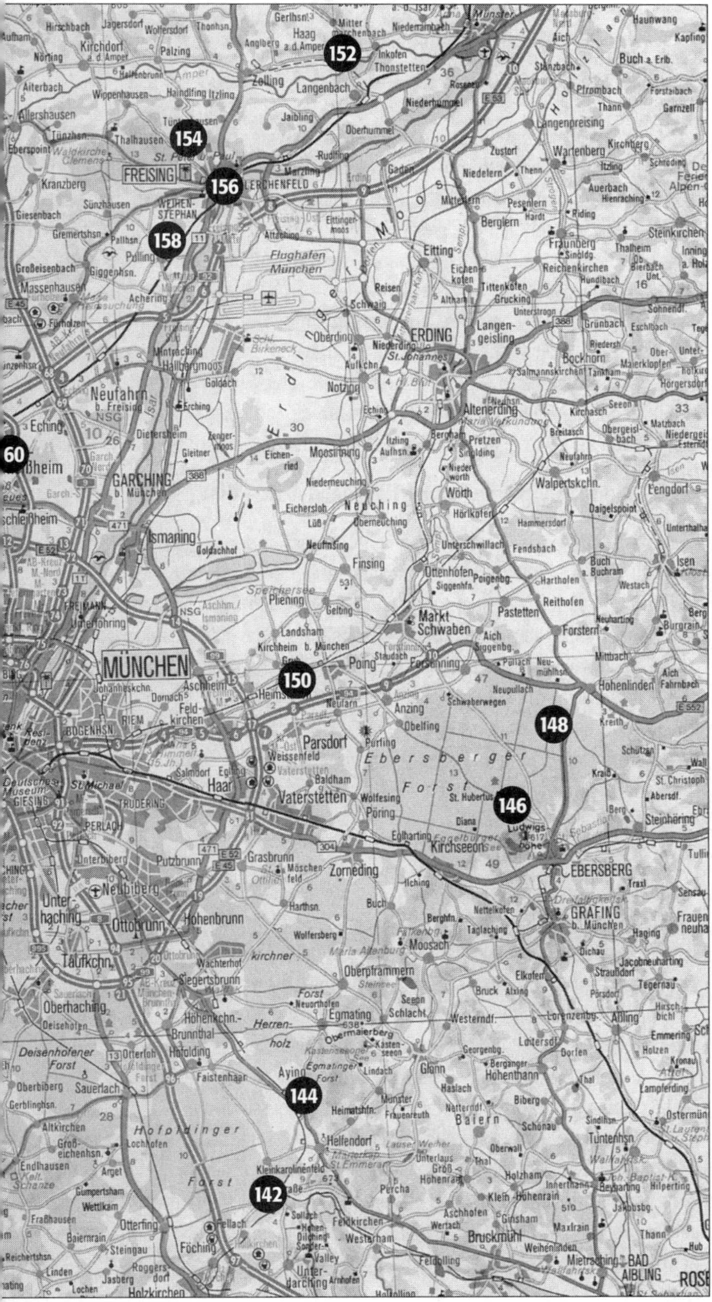
152
154
156
158
150
148
146
144
142
60
FREISING
LERCHENFELD
Flughafen München
ERDING
Altenerding
Neufahrn b. Freising
Eching
GARCHING b. München
Ismaning
MÜNCHEN
Aschheim
Heimstetten
Feldkirchen
Poing
Markt Schwaben
Parsdorf
Haar
Vaterstetten
Zorneding
Kirchseeon
EBERSBERG
GRAFING b. München
Ebersberger Forst
Hohenlinden
Unterhaching
Ottobrunn
Neubiberg
Hohenbrunn
Oberhaching
Sauerlach
Hofoldinger Forst
Aying
Glonn
Moosach
Egmating
Helfendorf
Bruckmühl
BAD AIBLING
Holzkirchen
Zolling
Langenbach
Haag a.d. Amper
Kirchdorf a.d. Amper
Allershausen
Wartenberg
Langenpreising
Berglern
Fraunberg
Eitting
Langengeisling
Bockhorn
Walpertskchn.
Finsing
Neuching
Moosinning
Pastetten
Forstern
Anzing
Steinhöring
Isen
Lengdorf
Tuntenhsn.
Aßling
Emmering

Sepp Schauers Biergartentypen

„Unser Herrgott hat einen großen Tiergarten" sagt man, wenn man meint, dass Menschen durchaus sehr verschieden sind und durch eigenwilliges Verhalten und Originalität auffallen. *„Unser München hat große Biergärten"* sage ich und meine eigentlich das gleiche. Weil in jedem Biergarten viele Menschen sehr verschiedene Verhaltensmuster an den Tag und auf den ein oder anderen Biertisch legen.

Nach einem anstrengenden Drehtag sitz ich gerne allein oder mit Freunden in einem der vielen schönen Münchner Biergärten und beobachte meine Mitmenschen. Ich genieße meine mitgebrachte Brotzeit und ein frisches Bier und schau den anderen Biergartenbesuchern zu, die ich bei vielen Besuchen „studiert" habe und mittlerweile in Kategorien einteile, wie zum Beispiel:

Der „Schnell-nach-dem-Büro-noch-in-den-Biergarten-Typ"

Das ist ein Typ, der nach der Arbeit noch kurz in den Supermarkt gesprungen ist und mit Plastiktüte und Kassenzettel in der Hand nach einem Platz sucht. Ich biete ihm einen an und schon packt er ein Ciabatta, ein Sackerl Zitronen, abgepackten geräucherten Lachs, zwei Paar Wiener und Pappteller aus. Seine Krawatte steckt salopp in der Brusttasche seines Businesshemdes, damit diese nicht mit seinen kulinarischen „Köstlichkeiten" angesaut wird. Es überrascht mich nicht, dass er um ein Messer bittet, welches er in der Eile vergessen hat. Das Brot könne er ja so abreissen, aber die Zitronen... Dabei bemerke ich seinen sehnsüchtigen Blick auf meine Fleischpflanzerl ganz genau.

Der „Mutter-Kind-Austausch-Kreis"

Bis die schon sitzen: *„Nein Sebastian-Leon, setz Dich bitte zum Franz-Ludwig, und Du Marie-Sophie kommst erst mal zur Mama, Dir geht es heute nicht so gut, Du hast schon dreimal gespuckt. Ja hallo Severin-Tobias wo ist denn Deine Schwester, die Sarah-Tallulah? Kommt jetzt setzt euch hin, erst was essen, dann spielen. Bitte haltet euch an die Regeln. Wir hatten das vorher alles durchgesprochen, ok? Aah, da kommt ja noch Tristan – jetzt sind wir komplett!"*

Ich könnt mir schon die Namen nicht alle merken. Wenn die Kinder dann gegessen haben und aufn Spielplatz geschickt wordn sind, dann ist die Bahn frei, für die Mütter, die sich natürlich mit ihrem Mitgebrachten übertreffen wollen und müssen und die dabei immer über alle anderen Gäste hinweg ihren Kindern zurufen was diese tun und lassen sollen. Ist eine Mami mal nicht schnell genug, wenn ein Kind getröstet werden muss, bin ich auch schon mal mit einem Stückerl Brezn eingesprungen.

Die zugezogenen „Pseudobayern“

So bezeichne ich jene Biergartengänger, die vor Jahren mal nach Bayern, sprich nach München zogen und seit dieser Zeit wohnorttechnisch Bayern sind. Aber halt nur wohnorttechnisch. Wenn dann der Besuch aus den heimatlichen Gefilden anreist, mutieren sie natürlich zu „Urbayern“ und da muss man auch zeigen, wie man sich in einem Biergarten verhält und was man in Bayern isst! Dazu sind sie auch sehr bayrisch angezogen. Man bekennt sich. Beide in Jeans mit Trachtenapplikation vorn und am Hintern, beide in Wanderstieferl, SIE in braun mit rote Schuhbandl, er mit blauen – was sich logischerweise in der Oberbekleidung fortsetzt SIE das rotkarierte Hemd, ER blaukariert. SIE hat sich Zöpferl geflochten mit rote Bandl. ER nicht.

Wenn die beiden dann vom Einkauf am Essensstandl zurückkommen, gibt es eine Präsentation: *„Wir haben euch jetzt lauter typische bayerische Brotzeit mitgebracht: Das hier ist Carpaccio vom Semmelknödel an Zwiebeln auf Essig-öl-Spiegel und Radi und Radieserl, quasi das Ehepaar des bayerischen Gemüsegartens, hahaha.“* Und wenn sie dann zur Nachspeise, einen Zwetschgendatschi holen, dann wird der als „Pflaumengeplätteter“ präsentiert.

Und dann gibt es da noch Uns. Die Echten. Die Originale.

Wir sitzen gerne an einem schattigen Platzerl, genießen unsere mitgebrachte Brotzeit, wie Fleischpflanzerl oder Wurstsalat, dazu eine große Brezn und ein süffiges Bier. Wir sitzen gemeinsam an einem großen Tisch und freuen uns des Lebens. *„Wen Gott liebt, den lässt er fallen in dieses Land“*, das hat *Ludwig Ganghofer* gesagt und ich sage: *„Wen ich mag, den nehme ich in einen von Münchens Biergärten mit!“* In diesem Sinne – vielleicht sieht man sich mal auf einen Ratsch an einem lauschigen Platzerl!

Ihr
Sepp Schauer

Viktualienmarkt

Der Biergarten ist die bayerische Version des Kommunismus und nirgends kann man das besser sehen als hier. Da sitzen sie alle: Banker, Broker, Hausfrau, Oberlandler, Penner, Nordlicht – alle am gleichen Tisch. Naja bittschön, a bisserl Streit muss sein, aber dann prosten sich alle wieder zu und freuen sich des Lebens!

Leut schaun tun die Bayern sowieso gern. Immer gibt's was zum sehen und staunen, zum grantln und spintisieren. Leider mussten 2014 einige Bäume gefällt werden. Zur Feierabend-Maß wirds dann ruhiger hier. Bei Dunkelheit beleuchtet uns die angrenzende Fischladenkette sehr prominent.

Übrigens: Die Münchner Brauereien übernehmen abwechselnd den Biernachschub. Das Schild über der Schänke verrät die Brauerei vom Dienst.

80331 München-Innenstadt · Viktualienmarkt 6
Tel. 29 75 45 · www.biergarten-viktualienmarkt.com

Wann
Täglich 10.30 - 22 Uhr
Schon früh im Jahr offen

MVV
S 1-8, U 3/6 Marienplatz,
Bus 52 Viktualienmarkt,
Tram 16/17 Reichenbachplatz

Rad
Fußgängerzone, z.T. für Radler erlaubt, vom Isarradweg über Isartor; 1,2 km Park-Cafe (18) 2 km Hofbräukeller (34)

Parken
Fußgängerzone!
Parkhäuser Innenstadt

Sitzplätze
1100; meist Holzgarnituren

Essen
Ringsrum Münchens größte Auswahl; eigenes Brotzeitstandl am Biergarten, offen bis ca. 22 Uhr

Kinder
Kein Spielplatz; keine Autos (Fußgängerzone)

Plus
Buntes Publikum, bestes Essen, zentralste Lage, schattig

Minus
Abends extrem helles Licht vom Fischgeschäft; Pfand für Weißbiergläser

Fazit
Rast von der Hast mit Gaumen- und Augenschmaus

16 Unser Tipp:

Auf den Alten Peter
Der Turm von Münchens ältester Kirche bietet die schönste Aussicht über die Stadt und die ganze bayerische Alpenkette. Vor den Preis hat Petrus den Schweiß gesetzt – zu Fuß müssen wir uns über enge Treppen mit 306 Stufen hinaufzwängen, vorbei an den Glocken. Dann aber dürfen wir aufatmend ins Freie treten und die Aussichtsgalerie rundum abschreiten. Das bietet die Konkurrenz von Dom und Rathausturm nicht. Dort darf man nicht ins Freie.
Offen im Sommer 9-18.30 Uhr, Wochenende ab 10 Uhr.

Park-Café

Wer das Park-Café mit der Nobel-Disco im selben Gebäude gleichsetzt, versäumt eine überraschend wenig bekannte, aber herrlich gelegene Einkehr mitten im Grün des Alten Botanischen Gartens, nur wenige Meter vom Verkehrsgewühl um Stachus und Hauptbahnhof. Durch die altgewachsenen Bäume spitzen der Kasperlbarock des Justizpalasts und die Backsteingotik des Oberlandesgerichts, auf der anderen Seite liegt Münchens feinster Advokatenwinkel, das neueste Hotel der Fünfeinhalbsterne-Klasse und mittendrin der Biergarten mit ganz normalem Publikum. Kaum ein Tourist findet den Weg hierher und selbst die streitbaren Juristen dümpeln friedfertig vor ihrer Ladung Reinheitsgebot.

Der Garten ist recht sonnig, ein dichtes Blätterdach bietet er nicht. Also muss der Wirt mit vielen Schirmen nachhelfen.

Lang hat der Biergarten offen, im Hochsommer kann es bis Mitternacht oder sogar länger Bier geben.

MÜNCHEN

80333 München-Innenstadt · Sophienstraße 7
Tel. 51 61 79 80 · www.parkcafe089.de

Wann
Täglich 11 - max. 24 Uhr

MVV
S 1 - S 8, U 1/2/4/5,
Tram 16/17/18/27
Karlsplatz (Stachus)

Rad
800 m Löwenbräukeller (20)
1 km Augustiner-Keller (22)
1,2 km Viktualienmarkt (16)

Parken
Parkhäuser um Hauptbahnhof und Stachus.

Sitzplätze
1600; durchweg Holzgarnituren

Essen
Viele, vor allem kleine Brotzeiten
Alle Klassiker (von nicht immer höchster Qualität)
Mo - Fr günstiges Mittagsgericht

Kinder
Kein Spielplatz, aber viel Platz zum Spielen; Richtung Hotel The Charles großer Spielplatz

Plus
Zentrale Lage, alte Bäume, lange offen

Minus
Viele Schirme; Pfand für Gläser

Fazit
Überraschend ruhige, grüne Oase gleich am Stachus

18 Unser Tipp:

Drei Maß müssen sein
Ins Park-Café geht man erstens auf eine Durschtmaß nach dem Einkaufen in der Fußgängerzone; zweitens auf eine Begrüßungsmaß nach der Zugankunft im Hauptbahnhof und drittens auf eine Versöhnungsmaß, nachdem man gerade noch nebenan vor dem Münchner Amtsgericht ganz sakrisch zammgruckt ist – so schlimm war's ja gar nicht gmeint, also Prost Herr Nachbar!

Löwen-bräukeller

Klassischer Biergarten in zentraler Lage: *„Willkommen in Schottenhamel's Löwenbräukeller“* begrüßt uns der Wirt am Eingang In der Tat, seit die alteingesessene Wirtsfamilie hier das Regiment führt, hat sich in diesem Biergarten vieles zum Guten gewendet: Schänke und Brotzeitstraße sind unter die Arkaden der Terrasse gerückt, alles ist etwas kleiner als zuvor und heller zudem. Die Grillhütte bietet neben den Spare Ribs ein *„Dickes Ding“* – ein Riesen-Ribeye-Steak mit drei Saucen, im Smoker frisch zubereitet. Nicht jeder Zecher weiß, was ihn da benebelt – das frische Bier in allen Sorten oder die Auspuffgase, die über den Zaun wehen. Davon lässt sich das solid münchnerische Publikum freilich keineswegs beeindrucken, ja es darf hier auch aus rauhen Kehlen gesungen werden – das Saisonbier und die Starkbiere lassen grüßen. Dann wird's schon gut sein, dass man weise aufs Auto verzichtet hat, schließlich hält die U-Bahn direkt vor dem Eingang. Na also, oane geht no!

Einen Spielplatz gibt es leider nicht. Und nebenan, wo bis vor wenigen Jahren die Bierlaster verkehrten, residiert nun ein Rolls-Royce-Händler.

LÖWENBRÄU

80335 München-Neuhausen

Nymphenburger Straße 2 · direkt am Stiglmaierplatz

Tel. 5 47 26 69-0 · www.loewenbraeukeller.com

Wann
Täglich 11 - max. 24 Uhr

MVV
U 1, Tram 20/21
Stiglmaierplatz

Rad
Radwege Dachauer-, Brienner-, Nymphenburger-Straße;
800 m Augustiner-Keller (22)
800 m Park-Café (18)
3 km Taxisgarten (52)

Parken
Schlecht, nur kleiner P

Sitzplätze
1000; meist Holzgarnituren

Essen
Große Auswahl an deftigen wie leichteren Gerichten; Grillhütte mit Smoker, diverse Flammkuchen

Kinder
Kein Platz für Kinder!

Plus
Stimmung, bis spät geöffnet, U-Bahn vor der Haustür

Minus
Kein Spielplatz, viele Schirme

Fazit
Münchner Klassiker ohne Starallüren

20 Unser Tipp:

Bayern-Kultour
Ein paar Gehminuten vom Löwenbräukeller gesellt sich zu Bayerns Lebensart die bayerische Kunst: Das kräftig erweiterte Lenbachhaus am Königsplatz beherbergt Meisterwerke von Bayerns eigener Kunst-Schöpfung, dem Blauen Reiter. *Kandinsky* und *Franz Marc* tauften ihren Stil, ganz passend, in der Gartenwirtschaft von Sindelsdorf.
Das Museum ist klein und fein, es erschlägt uns nicht mit Opulenz. Wer Lenbachhaus und Löwenbräukeller zusammen besucht, sieht eine ganze Menge Bayern!

Augustiner-Keller

Wenn Sie den Biergarten suchen, hier ist er. Aus der Hektik der Innenstadt hier einzutauchen unters grüne Dämmerdach, in das Geklingel der Krüge und Gebrumme der Maßarbeiter, das gehört zu den bajuwarischen Urgefühlen, das ist Münchner Schatten-Dasein schlechthin. Doch wie soll man's beschreiben, was man erleben, ja mit allen Sinnen fassen muss?

Stammtisch reiht sich an Stammtisch, über hundert an der Zahl, alle umsorgt von resoluten Bedienungen. Die Kenner aber sitzen hinten bei den Selbstabholern und warten auf das nächste Fass Edelstoff aus dem mit Eis perfekt temperierten Bierkeller. Eine Glocke kündigt den Fasswechsel an. Spätestens bei der dritten Maß ist's der schönste Platz von der ganzen Welt! Das hat sich weit in der Republik herumgesprochen – der Wirt hat deshalb die beliebten Junggesellenabschiede wegen der häufigen Exzesse verboten. Unser Tipp: Kommen Sie montags, dann spielt hier die Blasmusi auf. Und nicht versäumen (wie auch!): die Befreiungshalle am Haupteingang.

80335 München-Neuhausen
Arnulfstraße 52 · Ecke Zirkus-Krone-Straße
Tel. 59 43 93 · www.augustinerkeller.de

Wann
Täglich 11 - max. 1 Uhr
Ausschankende im Hochsommer ca. 23.30 Uhr

MVV
S 1 - 8, Tram 16/17
Hackerbrücke

Rad
800 m Löwenbräukeller (20)
1 km Park-Café (18)
3 km Hirschgarten (66)

Parken
Beschränkt, in den Straßen ringsum

Sitzplätze
5000; durchweg Holztische

Essen
Große Auswahl, viele Käsesorten, meist gutes Hendl, Steckerlfisch

Kinder
Schöner Spielplatz mit Auslauf

Plus
Stadtlage, beste Stimmung, der Klassiker

Minus
Keine familienfreundlichen Preise; Tische extrem eng gestellt

Fazit
Der münchnerischste aller Biergärten; muss man erlebt haben!

22 Unser Tipp:

Ab in den Eiskeller
Wird's Ihnen im Biergarten allzu heiß, probieren Sie den ehemaligen Eiskeller aus, acht Meter unter der Erde und inzwischen zum großen, urigen Biergewölbe ausgebaut. Voll wird es hier gerne und laut ist es auch, das Tonnengewölbe potenziert das Stimmengewirr - also unbedingt ausprobieren! Offen ab 16 Uhr, doch sonntags und feiertags geschlossen.

Wirtshaus am Bavariapark

Der Biergarten im Bavariapark gehört zum gleichnamigen Gasthaus gleich hinter der Bavaria. Seit dem Umzug der Messe ist hier im historischen Theresienhain, dem späteren Bavariapark, ein ganz neuer Stadtteil entstanden. Natürlich mit Biergartenanschluss. Das gibt dem Garten auch den Charakter vor: Mitten in der Stadt sind wir halb im Park mit seinen schattigen, alten Bäumen und halb von den historischen Messehallen umgeben. Die Kinder haben viel Auslauf unmittelbar am autofreien Zentralen Platz der alten Messe. Dort gibt es immer was zum Anschauen und Spielen. Sogar mitten im Biergarten grünt eine Oase ohne Tische.

Allerdings müssen wir uns den Garten mit der bedienten Terrasse teilen, die auch viele der schönsten Plätze für sich beansprucht. Ein Kleinod original im Stil der Fünfziger Jahre ist die Alte Kongresshalle gleich nebenan – Leuchter, Treppengeländer, Garderobenständer, Zigarettenablagen – hier scheint die Zeit stehengeblieben.

J. W.
Augustiner-
Bräu München
gegründet 1328

80339 München · Theresienhöhe 15

Tel. 45 21 16 91 · www.wirtshaus-am-bavariapark.com

Wann
Mo - So 11 - 23 Uhr

MVV
U 4/5 Schwanthalerhöhe
Bus 53/134

Rad
1,5 km Augustinerkeller (22)
3 km Hopfengarten (70)

Parken
Kleiner P am Biergarten; sonst Theresienwiese oder Parkhaus Heimeranstraße

Sitzplätze
1200; durchweg Holz

Essen
Übliche Auswahl; Fischer Vroni

Kinder
Viel Auslauf

Plus
Reizvolle Lage; viel Platz

Fazit
Neue Schänke in altem Park

24 Unser Tipp:

Ins Verkehrszentrum
Das Verkehrszentrum, eine Sonderausstellung des Deutschen Museums, liegt nur durch den autofreien Zentralen Platz vom Biergarten getrennt. Alte Dampflokomotiven, Salonwagen von Königs, Oldtimer, Formel-1-Flitzer – hier hat sich alles mal bewegt. Auf die Kleinen wartet der Kinderbereich „Lust an Technik und Bewegung". An Wochenenden und Feiertagen gibt es ein extra Kinder- und Familienprogramm.
Offen von 9 - 17 Uhr.

Paulaner Bräuhaus

Der Bräuhaus-Biergarten bietet zentrale Lage inklusive Auspuffanschluss. Es fühlt sich als „offizieller Ausrüster des bayerischen Lebensgefühls“, denn hier wurde 1889 das erste Münchner Hell als Vollbier eingebraut.

Heute stößt die alte Braustätte fünf verschiedene Saisonbiere pro Jahr aus wie Pauline oder Schwarzer Kapuziner, aber von jeder Sorte nur einen Sudkessel. Fragen Sie also bei Ihrem Besuch, ob es gerade ein frisch gebrautes Spezialbier gibt. Das können Sie dann auch im Syphon mitnehmen.

Nur ein Holzzaun dämmt den Lärm der nahen Straße, die Häuser ringsum schauen direkt in den Maßkrug, wir sind in der Innenstadt. Neuerdings wandeln wir von der Straße her durch eine Art Triumphbogen in den Garten. „Erfrischend bayerisch“ nennt sich das.

Zur Isar ist es nicht weit, wer also dort entlangradelt, mag einmal hereinschauen. Es gibt vorzügliches Paulaner-Bier, im Hause gebraut und trüb belassen. Leider haben die Buden bei weniger sicherem Wetter schon mal zu.

PAULANER
Feinste Münchner Braukunst seit 1634

80337 München-Sendling · Kapuziner Platz 5
Tel. 5 44 61 10 · www.paulanerbraeuhaus.de

Wann
Täglich 12 - 23 Uhr
SB nicht immer offen

MVV
U 3/6 Goetheplatz,
Bus 58 Kapuzinerplatz

Rad
Radweg Lindwurmstraße;
Kapuzinerstraße ohne Radweg, verkehrsreich!
2,5 km Flaucher (90)

Parken
Sehr schwierig auf der Straße

Sitzplätze
600; durchweg Holztische

Essen
Das eigentliche Schmankerl ist das naturtrübe Bier, ansonsten das übliche Angebot; Mo - Fr Mittagstisch

Kinder
Kleiner Spielplatz nur für die Kleinsten, gut einsehbar

Plus
Günstige Preise, Innenstadtlage, Spezialbier

Minus
Straßenlärm

Fazit
Für Bierkenner empfehlenswert

26 Unser Tipp:

Jungbierprobe
Durch die Hausbrauerei mit anschließender Jungbierprobe führt Sie der Braumeister persönlich, freilich erst, wenn mindestens 15 Leute zusammenkommen. Sind Sie also zu fünft, fragen Sie einfach andere Gäste, meist finden sich noch (Pro)Bierwillige. Der Braumeister ist wochentags von 10 bis 17 Uhr im Haus und braut. Wer einmal so tief in die Mysterien des Brauens eingedrungen ist, nimmt auch gern einen Syphon besten Bieres mit, wie es einst unsere Großväter getan.

Zur Freiheit im Viehhof

So stellt sich der Münchner Berlin vor oder gleich die Bronx: Im Viehhof, einem abrissgefährdeten Teil des Schlachthofs, bietet die Freiheit einen Biergarten mit herrlichem Ruinencharme. Garantiert ohne Bäume, bar jeder Gemütlichkeit. Wie lange die Freiheit noch sein darf, ist ungewiss, doch halten Provisorien erfahrungsgemäß am längsten. Der Biergarten öffnet nur im Sommer, wenn im Viehhof gleichzeitig Freiluft-Kino läuft. Spätabends tönt also Hollywood hörbar herüber.

Mitten im Hof verteilen sich an die hundert Biertische. Verkauft wird aus diversen Zirkuswagen heraus, der Fisch-Wiggerl, der Frankenwein, das Crêpes-Café, die Falafelbude. Bei Regen steht uns ein Zirkuszelt mit Tischen offen. Ein Paradies für Kinder, Platz gibt's in rauen Mengen, eine richtige Eisenbahn zum Mitfahren für 50 Cent, eine Torwand, einen Spielplatz obendrein und, besorgte Mütter mal weghören, die erstaunlichsten Dinge zu entdecken.

Mögen dem Biergarten noch einige Jahre Galgenfrist beschieden sein, denn Vergleichbares findet sich in München nimmermehr.

80337 München Schlachthof · Tumblingerstraße 29 / Ecke Ruppertstraße · www.viehhof-kino.de

Wann
Mo – Do ab 18 Uhr bis open end (nach dem Film), Fr ab 16 Uhr, Sa/So ab 14 Uhr

MVV
U 3/6 Poccistraße,
Bus 62 Zenettistraße,
Nachtbusse N40, 41, 45

Rad
Radweg Lindwurmstraße;
2 km Flaucher (90)
3 km Muffatwerk (32)

Parken
Nur im Wohngebiet ringsrum, oft schwierig

Sitzplätze
800; durchweg Holztische

Essen
Viele auch nicht biergarten-typische Speisen

Kinder
Spielplatz; Kindereisenbahn; Zirkuszelt; Torwand, und, und, und...

Plus
Abbruchcharme; viel Platz; ganz eigener Charakter

Minus
Keine Bäume

Fazit
Bayern, Bronx & Hollywood

28 Unser Tipp:

Film ab!
Sobald es finster wird im Viehhof, läuft der Filmprojektor heiß: 1000 Sitzplätze und ein paar Liegestühle wollen gefüllt sein. Manchmal laufen bayerische Kultserien wie *Irgendwie und Sowieso* mit *Otti Fischer* & Co. Gläser aus dem Biergarten darf man leider nicht mit ins Kino nehmen. Und falls es gewittern sollte: Nach dem Eintritt ins Kino werden Tickets nicht mehr zurückerstattet. Es nimmt ja auch kein Wirt die Maß zurück, nur weil es zu regnen beginnt.

Paulaner am Nockherberg

A bisserl weltberühmt ist er schon, der Klassiker auf dem Nockherberg, diese „Freilichtbühne der Münchner Lebensfreude“ (Eigenwerbung), vielen noch unter dem alten Namen Salvatorkeller bekannt.

Nach dem verheerenden Brand des Paulanerkellers öffnete der Biergarten längst wieder – neu durchgestylt, aber mit alten Bäumen, die das Inferno wie durch ein Wunder überstanden haben. Wie immer bei solchen Generalüberholungen ist ein bisschen altbackener Charme verloren gegangen – auf drei Seiten umsteht durchgestylte Messearchitektur den Garten. Das historische Salettl steht aber nach wie vor und der Service für die Gäste ist verbessert worden. Insgesamt hält sich der Paulanerkeller wacker: Die neue Service-Straße und ähnliche moderne Errungenschaften können die Stimmung im wohl ältesten erhaltenen Bierkeller Münchens nicht vertreiben. Der heimliche Nabel Giesings ist wieder zu alter Herrlichkeit aufgeblüht. Dann also wohl bekomm's mit einer Maß Salvator oder dem Nockherberger – dem trüben Kellerbier.

PAULANER
Feinste Münchner Braukunst seit 1634

81541 München-Giesing · Hochstraße 77
Tel. 4 59 91 30 · www.nockherberg.com

Wann
Täglich 11.30 - ultimo (kann auch bis 12 Uhr nachts sein)

MVV
U 1/2 Kolumbusplatz
Tram 15/17/25 Ostfriedhof
Bus 52 Mariahilfplatz

Rad
2 km Hofbräukeller (34)
3 km Alter Wirt Ramersdorf (92)

Parken
P am Biergarten vorhanden; dazu kostenpflichtige Tiefgarage

Sitzplätze
2300; überwiegend Holzgarnituren

Essen
Große Auswahl in der "Service-Straße", z.B. Brust-Spare Ribs mit guten Saucen, Weißbier Obatzda

Kinder
Spielplatz vorhanden, nur z.T. einsehbar

Plus
Schattiger Garten, süffiges Bier, Biergarten schon seit 1820

Minus
Service fast zu perfekt durchgestylt, Messecharme

Fazit
Ein bisserl Charme ist abgebrannt, aber ein gemütlicher Klassiker ist's geblieben

30 Unser Tipp:

Lichter auf dem Berg
Einmal im Sommer gibt's hier oben ein Lampionfest. Jeder Tisch wird dann mit Lampions illuminiert, die die Gäste anschließend mit nach Hause nehmen können. Das sorgt für ganz wunderbares Licht im Biergarten, das gefällt Groß und Klein gleichermaßen. Ende Juli muss man auch nicht mehr so furchtbar lange warten wie im Juni, bis endlich die Dunkelheit hereinbricht und das Lichtermeer seine volle Pracht entfalten kann.

Muffatwerk

Der Biergarten an der Muffathalle liegt zwar von der Straße aus gut versteckt, dafür aber ganz nah an der Radlerautobahn entlang der Isar. Trotz Flussnähe kriegt man hier nichts vom Wasser mit, dafür sorgen der Zaun, der durchaus reizvolle Fabrikeinfahrtcharme und der Hinterhofcharakter.

Im Biergarten angelangt, tischt Münchens erster „zertifizierter Biobiergarten“ Herrmannsdorfer Fleisch vom Lavasteingrill auf. Vor allem wird das warme Essen frisch zubereitet, liegt also nicht schon halb vertrocknet unter der Wärmelampe.

An klassischem Biergartenambiente mangelt es ein wenig. Das alte Muffatwerk mit seinem Fabrikhofcharme entfaltet jedoch seinen eigenen Reiz. Hier kehren eher die Szenegänger der Muffathalle ein, am Wochenende durchmischt vom Ausflugspublikum. Bis ein Uhr nachts oder jedenfalls bis open end hat der Garten offen, denn hier spucken uns keine muffigen Anwohner in den Maßkrug. Unter „Münchens größter Markise“ finden 100 Leute Schutz. Auf größere Kinder wartet 150 Meter weiter ein großer öffentlicher Spielplatz.

MÜNCHEN

81667 München-Haidhausen · Zellstraße 4
Tel. 45 87 50 80 · www.muffatwerk.de

Wann
Neuerdings täglich ab 12 Uhr
bis ca. 1 Uhr
Mo - Do 16 - 1 Uhr
Fr - So ab 12 Uhr

MVV
S 1 - 8 Isartor; Tram 16 bis Deutsches Museum

Rad
Isarradweg; Radweg über Ludwigsbrücke zum Isartor
1 km Hofbräukeller (34)
4 km Flaucher (90)

Parken
Schwierig, Parklizenzgebiet, evtl. Tiefgarage Am Gasteig

Sitzplätze
350; durchweg Holzgarnituren

Essen
Frisch zubereitetes Biofleisch; mediterrane Speisen. Warme Speisen erst zahlen, dann an der Ausgabe abholen

Kinder
Große Sandkiste, gut einsehbar

Plus
Günstige Lage; frisch zubereitetes Essen; abends lange offen

Minus
Für Kinder nur Sand; viele Schirme

Fazit
Angenehmer Biergarten mit Szeneanschluss, aber ohne Allüren

32 Unser Tipp:

Volksbadetag
Das Müllersche Volksbad gleich vor der Muffathalle muss jeder mal erlebt haben: Es ist das Juwel unter den öffentlichen Bädern Deutschlands. Um 1900 im schönsten Jugendstil erbaut, galt es damals als modernste und aufwändigste Badeanstalt überhaupt.
Die originale Pracht der Schwimmhallen, Schwitzbäder und hölzernen Umkleidekabinen steht uns heute täglich von 7.30 bis 23 Uhr offen (Montag große Halle nur bis 17 Uhr). Nähere Infos unter www.swm.de/m-baeder

Hofbräukeller

Unter den Kastanien des Hofbräukellers (nicht zu verwechseln mit dem *Hofbräuhaus!*) lässt sich noch ein echtes Stück Altmünchner Bierkeller-Atmosphäre schnuppern.

Gleich neben dem Eingang verbreitet zwar eine Liegestuhl-Armada mit Blick zum Biergarten Rimini-Ambiente. Aber keine Bange: Wer's deftiger mag, kann sich wie eh und je zwischen Schenke und Salettl reindrucken, grad da, wo in lauer Sommernacht ein Meer von Köpfen dicht an dicht hockt und, bajuwarisch leidenschaftlich bei der Sach, dem Bier und dem prallen Leben zuspricht!

Eng geht's hier oft zu und wenn ein Kinderwagl neben dem Biertisch steht, ist fast kein Durchkommen mehr.

Das ficht uns aber kaum an, spätestens bei der zweiten Maß passt alles. Ohnehin ist dies kein Biergarten, in den man für den schnellen Durst geht, hier sitzen die meisten Leute fest, und das verstehen wir auch. Also unbedingt ausprobieren!

MÜNCHEN

81667 München-Haidhausen · Innere Wiener Straße 19
Tel. 4 59 92 50 · www.hofbraeukeller.de

Wann
Täglich 10 - 24 Uhr (Schankschluss 22.30 Uhr)

MVV
U 4/5, Tram 16 Wiener Platz, Tram 15/19/25 Max-Weber-Platz

Rad
Vom Isarradweg am Maximilianeum hinauf und rechts zum Biergarten;
2 km Chinesischer Turm (36)
5 km Flaucher (90)

Parken
Schwierig, evtl. im Parkhaus Innere Wiener Straße). Ticket im Biergarten stempeln lassen – dann wird's billiger!

Sitzplätze
2000; durchweg Holzgarnituren

Essen
Übliche Auswahl, am Abend oft manches ausverkauft

Kinder
Spielplatz vorhanden
Große Wiese jenseits des Zauns

Plus
Innenstadtlage, Klassiker, schattig, gute Stimmung

Minus
Sehr eng gestellte Tische, Pfand für Krüge

Fazit
Traditions-Biergarten mit Ur-Münchner Flair

34 Unser Tipp:

Deutsches Museum
Tagelang kann man sich in diesem Riesen-Museum verlieren. Wir lassen es gemütlicher angehen. Wie eh und je interessiert die Kinder das Bergwerk und die regelmäßig stattfindende Blitz-Show mit künstlich erzeugten Blitzen. Ansonsten hilft nur Maß halten und nicht alles sehen wollen, es würde eh nicht gelingen. Endlich bringt uns die Tramlinie 16 zwei Stationen weiter zum Eingang des Biergartens.

Chinesischer Turm

Münchens buntester Biergarten bietet viel fürs Auge und fürs Ohr. Vom ersten milden Sonnenstrahl an sitzen am Chinaturm schon die Unentwegten bei der ersten Maß der Saison. Wird es wärmer, flaniert ein lustiges Schwabinger Völkchen in allen Kleidern und Hautfarben von Uni und Leopoldstraße herüber und trifft hier im Herzen des Englischen Gartens auf Unmengen Sommerfrischler. Die überwiegen an den Wochenend-Nachmittagen klar. Dann spielt auch eine zünftige Blasmusik auf. Der können wir bei schönem Wetter auch mittwochs und freitags bis zum frühen Abend lauschen.

Im Herbst 2014 wurden die Buden umgebaut, manches wird also zur neuen Saison auch neu erstrahlen. Eine museale Rarität in der Gartenecke: Das Biotop grüner Plastiktische, das manchen japanischen Touristen erfreut, der eine rechte Bierbank halt niemals nicht gesehen hat.

Das Pfand beruht auf einer Auflage der Parkverwaltung, deren Mähmaschinen durch herrenlose Maßkrüge auf den Wiesen argen Schaden litten. Trotzdem, Pfand hin, Krug her, Chinaturm bleibt Chinaturm.

HB MÜNCHEN

80538 München-Schwabing · Englischer Garten 3
Tel. 38 38 73 19 · www.chinaturm.de

Wann
Täglich 10 - 22/23 Uhr
geöffnet z.T. ab Februar

MVV
Bus 54/154 Chinesischer Turm, Tram 18 Tivolistraße, U 3/6 Giselastraße

Rad
Radwege Englischer Garten oder von Leopoldstraße über Tivolistraße;
1 km Seehaus (38)
2 km Hirschau (40)
4 km Aumeister (42)

Parken
P mit Gebühr

Sitzplätze
7000; großteils Holzgarnituren

Essen
Große Auswahl für jeden Geschmack, von Haxn bis Karibik, auch viele kleine Brotzeiten

Kinder
Spielplatz vorhanden, von einigen Tischen einsehbar; historisches Karussell

Plus
Lage im Englischen Garten, Blasmusik, lustiges Völkchen

Fazit
Ein Muss im Herzen des Englischen Gartens

36 Unser Tipp:

Kutschfahrt im Englischen Garten

Die Lohnkutscherei *Hans Holzmann* steht seit Jahrzehnten am Chinaturm für Sie bereit. Wie wär's mit einer Fahrt ins Glück in der weißen Hochzeitskutsche oder einem Ausflug im großen Gesellschaftswagen für 12 Personen?
Münchens einziges Kutschenunternehmen mit dem exklusiven Fahrrecht im Englischen Garten und in der Fußgängerzone steht ab Mittag zur Verfügung, Telefon von 10 - 12 Uhr 18 06 08; www.kutschen-muenchen.de

Seehaus

Wer gesehen werden will, kommt hierher. Wer Leute sehen will, die gesehen werden wollen, kommt her. Und wer glaubt, daß man ihn/sie sehen will, kommt auch her. Wer bloß friedlich den schönen Blick auf See und Park genießen will, kommt auf seine Kosten. Mit etwas bajuwarischem Durchsetzungsvermögen findet sich auch fast immer ein Plätzchen an den Ufertischen. Alle sind happy around, auch die Kinder, die können die Schwäne füttern.

Erste Adresse ist das Seehaus im Winter bei Föhn. Die Tische direkt am See können schon rappelvoll sein, wenn der See noch Eis trägt. Das volle gastronomische Programm von Serrano-Schinken bis zu Fischfilets wird jedoch erst in dem warmen Monaten aufgefahren.

Im Sommer empfehlen wir den Besuch am späteren Abend. Oder den hinteren Gartenteil mit Schatten und einigen Zeltdächern gegen Regengüsse. Das große Schankzentrum wird den oft starken Andrang schon bewältigen.

80802 München-Schwabing · Kleinhesselohe 3
Tel. 3 81 61 30 · www.kuffler-gastronomie.de

Wann
Wochentags 11 - 24 Uhr
Wochenende 10 - 24 Uhr
bei schönem Wetter ganzjährig

MVV
U 3, U 6 Münchener Freiheit
U 6 Dietlindenstraße
Bus 144 Osterwaldstraße

Rad
Radwege Englischer Garten;
1 km Chinesischer Turm (36)
1 km Hirschau (40)
3,5 km Aumeister (42)

Parken
Kleiner P mit Gebühr

Sitzplätze
2600; durchweg Holzgarnituren

Essen
Große Auswahl bei unüblichen Preisen; diverse Räucherwürste; gemischter Aufstrichteller und andere Aufmerksamkeiten

Kinder
Schöner Spielplatz im hinteren Gartenteil

Plus
Auch im Winter offen
Direkt am See

Minus
Gastronomische Preise

Fazit
Winterfester Schwabingtreff in Traumlage

38 Unser Tipp:

Eine Bootsfahrt, die ist lustig

Vor dem Biergartenbesuch ist es sicherer, danach spaßiger: Welche Dame würde nicht dahinschmelzen, wenn sie ein starkes Mannsbild über den See rudert? Vielleicht hinüber zum romantischen Inselchen, dann, wenn die Sonne hinter Schwabings Türmen versinkt und der Mond aufgeht...
Seit mehr als 30 Jahren werden neben dem Seehaus Boote vermietet und Fahrräder gibt es auch zu leihen. Täglich von 9 - 21 Uhr.

Hirschau

Der etwas versteckte Biergarten auf der stark frequentierten Park-Piste vom Chinaturm übers *Seehaus* (38) zum *Aumeister* (42) wartet donnerstags und am Wochenende mit Live-Musik am Tanzboden auf. Bis ein Uhr morgens dürfen wir hier die Krüge stemmen.

Wo dereinst im Auwald Hirsche gejagt wurden, entstand zur Mitte des 19. Jahrhunderts ein Wirtshaus zur Verpflegung der Arbeiter der Maffei'schen Maschinenbauanstalt. Heute ist das Traditionshaus samt großem Biergarten wieder in Familienbesitz. Und das merkt man auch: Restaurant und Festsaal warten frisch herausgeputzt auf das gehobene Nordschwabinger Publikum.

Draußen schmeckt uns das Hendl aber noch viel besser. Und die Preise wirken deutlich freundlicher als im *Seehaus* (38).

Leider stehen in diesem Traditionsgarten nur wenige Bäume. Trotzdem: Die Hirschau ist und bleibt ein angenehmer Biergarten.

LÖWENBRÄU

80805 München-Schwabing · Gyßlingstr. 15
Tel. 36 09 04 90 · www.hirschau-muenchen.de

Wann
Täglich 11 - max. 1 Uhr

MVV
U 6 Dietlindenstraße
Bus 144 Osterwaldstraße

Rad
Radwege Englischer Garten, Hirschau; vom Isar-Radweg über Isarring;
0,5 km Seehaus (38)
2 km Chinesischer Turm (36)
3 km Aumeister (42)

Parken
Großer P anbei

Sitzplätze
1800; zur Hälfte Holzgarnituren

Essen
Große Auswahl, Steckerlfisch von der Fischer Vroni, 1/2 Hax'n

Kinder
Abenteuerspielplatz, Seilbahn, Piratenschiff

Plus
Schöne Lage; preiswerter als die Nachbar-Biergärten

Minus
Viele Schirme; wenige Bäume im Garten

Fazit
Familienfreundliche Parkschenke

40 Unser Tipp:

Baden in der Hirschau
Viele Münchner kennen den Englischen Garten nur bis zum Kleinhesseloher See. Dabei ist die Hirschau der viel größere Teil des Parks, am Wochenende weniger überlaufen und mit zwei klassischen Anlaufstationen am Süd- und am Nordrand: dem Biergarten Hirschau und dem *Aumeister* (42). Der Schwabinger Bach und der Oberjägermeister-Bach durchziehen die Auwiesen, die Isar bildet die Grenze – ideal zum Baden! Wem das zu wild ist, der gehe zum Tanztee im Wirtshaus.

Zum Aumeister

Eine fixe Größe und feste Anlaufstation ist der Aumeister für die Besucher des Englischen Gartens und für die Bewohner der Studentenstadt. Seine Lage am Nordrand des Parks macht ihn zum idealen Ausflugsziel. Oft schon im März lockt Frühlingswetter Scharen zur Einkehr.

Überhaupt bietet der Aumeister manches, woran in anderen Biergärten oft nicht zu denken ist. Da gibt es eine Kinderkarte nebst Kaiserschmarrn, „Bangkok trifft Bologna“, verschiedene Frischkäse („Aprikosen-Rosmarin“) in großen und kleinen Portionen, ein eigenes Weinregal mit passenden Gläsern und richtiges Mineralwasser statt dem traurigen Tafelwasser von anderswo. Wer unter Normalmaß bleiben will, findet auch 0,3 l Bier. Für den, der wo des mag.

Auf die Kinder wartet ein großer Abenteuerspielplatz. Am Wochenende setzt es öfter mal Musik, etwa zum „Septoberfest“. Im Aumeister wird Saisonbier ausgeschenkt: Erst Starkbier, dann Maibock, Sommerbier, Wiesnbier – Superkraftstoff für die Heimreise. Doch Vorsicht: Wer sich hier hinsetzt, steht so schnell nimmer auf!

MÜNCHEN

80939 München-Schwabing · Sondermeierstraße 1
Tel. 1 89 31 42-0 · www.aumeister.de

Wann
Täglich 10 - 23 Uhr
schon früh im Jahr auf
Im Sommer kein Ruhetag

MVV
U 6 Freimann (10 Min. zu Fuß)

Rad
Radwege Englischer Garten;
3 km Hirschau (40)
4 km Seehaus (38)
5 km Chinesischer Turm (36)
9 km Mühlenpark (108)

Parken
P am Biergarten

Sitzplätze
3000; durchweg Holztische

Essen
Große Auswahl mit allen Biergarten-Klassikern, Kinderkarte

Kinder
Großer Spielplatz, gut einsehbar, viel Auslauf

Plus
Lage im Englischen Garten, Saisonbier (Maibock, Sommerbier usw.), kreatives Brotzeitangebot

Fazit
Klassischer, schöner Ausflugsbiergarten

42 Unser Tipp:

Radlerparadies
Wie geschaffen für Radler sind die Isar, der Englische Garten und die Hirschau. *Vom Flaucher* (90) im Süden Münchens kann man rechts der Isar kreuzungsfrei (!) bis zur Kennedy-Brücke radeln und kommt dann links abbiegend in den Englischen Garten zum *Chinesischen Turm* (36), zum *Seehaus* (38), zur *Hirschau* (40) und zum Aumeister. Wunderschön ist die Fahrt vom Aumeister zurück nach Schwabing bei Vollmond, wenn in der Hirschau schon Nebelschlieren über den Flusswiesen liegen.

Der Weyprechthof

Ein Nachbarschafts-Biergarten mit U-Bahn-Anschluss und, wie es sich in Bayern gehört, gleich neben der Kirche. Wer einfach einen gemütlichen Abend verbringen will, der ist in diesem Garten gut aufgehoben. Der Radweg führt direkt vorbei, viel Platz für die Kinder ist vorhanden, nur der Zaun setzt ihnen Grenzen. Donnerstags wartet der Weyprechthof mit einem Riesenschmankerl auf: Ein ganzer Ochs dreht sich da am Spieß. Bei unserem Besuch mundete uns der Karli, ein Mordsbrackl mit seinen 2980 Kilo. Dazu Mariabrunner Dunkel, untermalt von Blasmusik, was will man mehr vom Leben?

Der Weyprechthof sperrt immer auf, wenn's schön ist, auch außerhalb der Hauptsaison. Den Ochs am Donnerstag gibt's oft bis weit in den Oktober hinein. Wer also einen sonnigen Herbstsonntag nicht auf der Wiesn verbringen will, der möge hier vorbeischauen. Wenn die Buden einmal nicht auf haben, kann man sich das Bier drinnen im Wirtshaus holen.

80937 München-Harthof

Max-Liebermann-Straße 6 · Ecke Weyprechtstraße

Tel. 3 11 19 50 · www.weyprechthof.com

Wann
Mo - Sa 15 - 23 Uhr, So ab 12 Uhr

MVV
U 2 Harthof
Bus 171 Röblingweg

Rad
Radweg aus Schwabing
über Belgrad-/Knorrstraße;
1,2 km Wirtshaus am Hart (212)

Parken
Kleiner P, sonst im Wohngebiet

Sitzplätze
800; durchweg Holzgarnituren

Essen
Reichliches Brotzeit-Angebot,
eingelegte Bratmakrele

Kinder
Kleiner Spielplatz, gut einsehbar,
viel Platz

Plus
Ruhige Atmosphäre, viel Platz,
viele Biersorten

Fazit
Angenehmer Nachbarschafts-Biergarten ohne Besonderheiten

44 Unser Tipp:

Kirche und Wirtshaus...
... gehören zusammen wie Bayern und Bier. In jedem Dorf, das auf sich hält, stehen die beiden einträchtig nebeneinander – trotz der sonntäglichen Rivalität um die Gunst des Volkes. Wirtshaus und Kirche halten Bayerns Leib und Seele zusammen. Hier im Weyprechthof läßt sich das so gut sehen wie in ungezählten Wirtsgärten und Klostergasthöfen auf dem Lande.

Olympia-Alm

Sakrisch steil geht's hinauf zum Olympiaberg, tollkühn wäre es da, unterwegs nicht in der Alm einzukehren – dem höchsten Biergarten Münchens. Schatten gibt's von mächtigen Schirmen, die fast den ganzen Biergarten überragen. Wer würde von einer Alm mit Geranienkästen auch besonderes Biergartenflair erwarten? Deutlich mehr als ein Kiosk mit Bierausschank ist es aber doch, dafür sorgen schon die jeweils frisch zubereiteten Speisen vom Grill, die schöne, ruhige Umgebung und die Stammgäste, denen das Wetter wurscht ist – und falls doch nicht: die bereitliegenden „Oascherlwärmer" holen. Das einzige Bauwerk, das man vom Biergarten aus sieht, ist der Olympiaturm.

Nur ein paar Schritte weiter jedoch, an der riesigen Wiese, öffnet sich der Blick über München bis tief ins Gebirg hinein. Das Areal mit Aussicht verlockt zum Spielen und Sonnenbaden. Die Alm öffnet sogar im Winter und lädt zu Silvester- und Faschingsfeiern.

Ayinger Bräu von Aying Bierspezialitäten

80809 München · Martin-Luther-King-Weg 8
Tel. 3 00 99 24 · www.olympiaalm.de

Wann
Täglich ca. 10 - 22 Uhr

MVV
U3 Petuelring/Olympiazentrum,
U 2 Scheidplatz

Rad
Radwege Olympiagelände,
Ackermannstr., Lerchenauerstr.;
2 km Taxisgarten (52),
4 km See-Biergarten Lerchenau (48)

Parken
P Olympiagelände, alle weit weg

Sitzplätze
300; durchweg Holzgarnituren

Essen
Grillstandl, meist frisch zubereitete Speisen, Spare Ribs und eigene Schweinsbratensülz

Kinder
Kein Spielplatz, aber große Wiese

Plus
Stadt- und Alpenpanorama ohne Straßenlärm

Minus
Kiosk-Atmosphäre

Fazit
Rastplatz für Gipfelstürmer

46 Unser Tipp:

Berg oder BMW
Bergsteiger kommen auch in München auf ihre Kosten: Die letzten Meter auf die Spitze des Olympiabergs krawottisch angegangen, bietet sich von oben eine herrliche Sicht auf das Olympiagelände und über die Münchner Skyline hinweg bis zu den Alpen: Zugspitze, Wendelstein, Wilder Kaiser, Watzmann, wer zählt die Gipfel? Technofreaks zieht es eher in die BMW-Welt oder das BMW-Museum. Kinder lieben auch die Olympia-Schwimmhalle oder das SeaLife-Aquarium.

See-Biergarten Lerchenau

Den Biergarten am Lerchenauer See hatten wir vor Jahren bereits in der Wertung, dann flog die alte Plattenbau-Tristesse bei einem Wirtewechsel raus und nun ist der Biergarten neu, größer und schöner als je. Diesmal war nicht nur ein Wirt, es war ein Gastronom, ja ein Wiesnwirt am Werke: Die Seepromenade und die zweistöckige Panorama-Alm mit ihrer mordsmäßigen Brotzeitstraße machen ordentlich was her! Woher kennen wir bloß die Panorama-Alm? Richtig, vom winterlichen Eiszauber am Stachus. Den betreibt der Wirt nämlich auch und so wechseln hier halt keine Rindviecher den Ort, sondern die ganze Alm. 2014 übernahm der Wirt schließlich das Hippodrom-Zelt von *Sepp Krätz (Waldwirtschaft)* und betreibt es nun unter dem Namen *Marstall*.

Der Blick geht über den See auf Olympiaturm und Wohnsilos der 70er Jahre. Das Publikum kommt aus der Nachbarschaft und freut sich, dass das Viertel wieder eine zünftige Anlaufstelle hat. Und wenn die Dämmerung hereinbricht, sieht's aus wie an Deck eines Ozeandampfers.

80995 München · Lasallestr. 100

Tel. 0176 - 56 32 51 55 · www.able-gastronomie.de

Wann
Täglich 10 - 23 Uhr

MVV
Bus 60 Max-Wönner-Straße/
Lerchenauer See

Rad
4 km Olympia-Alm (46)
4,5 km Taxisgarten (52)

Parken
P vorhanden und ausreichend an der Straße

Sitzplätze
1200

Essen
Alle Klassiker plus Steckerlfisch; Schweinekrustenbraten, Brotzeitplatte Lerchenau; hausgemachte Kuchen; Mo - Fr preiswertes Mittagsgericht

Kinder
Großer Sandkasten, Kletterturm, Schaukel

Plus
Schöne Lage am Seeufer

Minus
Viele Schirme

Fazit
Gelungene Wiederauferstehung in neuem Gewand

48 Unser Tipp:

Dreimal See, juchhe
Für München Nordwest ist die Dreiseenplatte so etwas wie das Fünfseenland für den Rest: Bade- und Freizeitgelände. In den 30er Jahren wurden die drei Baggerseen ausgehoben: Lerchenauer See, Fasaneriesee und Feldmochinger See. Ganz so groß wie das Pendant im Süden ist die Platte aber nicht – das merkt man auch an heißen Wochenenden. Gut, dass wir noch den Biergarten haben!

Zur Geyerwally

„Willkommen sind friedvolle Gäste im Biergarten und stimmbegabte Herren für den Chor“ verkündet die Tafel am Eingang. Damit sind wir zutreffend eingestimmt auf dieses Kleingartenidyll des Männergesangvereins Concordia, der schon 1914 die erste Bierbude aufstellte. Ob der Biergarten damit wirklich der älteste Münchens ist, wie die Homepage meint, bezweifeln wir. Inzwischen hört der Biergarten auf den Namen Zur Geyerwally.

Ohne Klimbim kommt die Geyerwally aus, hier trifft sich die Nachbarschaft aus Borstei und Neuhausen. Lautstarke PS-Protze können ohnehin nicht vorfahren, so bleiben sie lieber gleich fort und röhren deutlich hörbar über den nahen Mittleren Ring.

Dienstagabends halb acht können Sie der Chorprobe des Gesangvereins beiwohnen. Als Chormitglied, so erfahren wir, *„haben Sie schon fast gewonnen"*, wenn Sie einen der umliegenden Schrebergärten ergattern wollen. Wohl bekomm's!

MÜNCHEN

80637 München-Neuhausen · Landshuter Allee 165
Tel. 72 01 67 66 · www.zurgeyerwally.de

Wann
Mo - Fr 16 - 22/22.30 Uhr
(sonst Bier drinnen holen)
Sa/So ab ca. 11 Uhr

MVV
Tram 20/21 Olympiapark West

Rad
Radwege Dachauer Straße,
Landshuter Allee;
500 m Taxisgarten (52)
2,5 km Löwenbräukeller (20)

Parken
Zufahrt Landshuter Allee nur Richtung Donnersberger Brücke, vor der Aral-Tankstelle rechts; kleiner P

Sitzplätze
700; fast durchweg Holzgarnituren

Essen
Übliches Angebot; Mittagstisch, Donnerstag Schnitzeltag

Kinder
Spielplatz, gut einsehbar, viel Auslauf, keine Autos

Plus
Schattig, „Geheimtipp"

Fazit
Versteckter Bier- und Kleingarten

50 Unser Tipp:

Borstei

Einen Tram-Halt vom Biergarten (Halt Baldurstraße) liegt die Borstei, ein städtebauliches Kleinod der 20er Jahre. Was heute unter dem Etikett sozialer Wohnungsbau liefe, legten die Architekten *Borst und Bieber* damals als geschlossenes Ensemble an, mit hübschen Innenhöfen, Kastanien-Alleen, Buchenhainen, Laubengängen und Brunnen. Beim Bäcker und Metzger der Borstei gibt's die Biergarten-Brotzeit und nebenan beim *„Königlich Bayerischen Lederhosenwahnsinn"* das passende Outfit.

Taxisgarten

In der Wohngegend zwischen Nymphenburger Kanal und den Auffahrtsalleen liegt wohl versteckt der Taxisgarten. Nach dem Ersten Weltkrieg von der Stadt München für Kriegsopfer eingerichtet, ist der Garten hinter der Versehrten-Villa heute Anlaufstelle vieler jüngerer Leute nicht nur aus Neuhausen und Gern – die U-Bahn hält schließlich fast nebenan. Angenehmer läßt sich ein Sommerabend kaum verbringen.

Im Biergarten, unter den alten Bäumen, kann es abends schon mal eng werden. Bittschön, sans ned so gschamig – irgendwo druckt man sich halt noch dazu, die Holzbänke samt Rückenlehnen machen's möglich! Vor der Bude mit dem warmen Essen können sich abends Schlangen bilden. Für kalte Brotzeiten gehe man einfach rechts an der Kasse vorbei zum Fenster.

Übrigens: Das städtische Dantebad liegt fast nebenan. Dort kann man im großen Außenbecken das ganze Jahr bis 23 Uhr schwimmen. Wir aber brechen die Leibesertüchtigung vorher ab und verfügen uns rechtzeitig auf einen Schlummertrunk in den Taxisgarten.

MÜNCHEN

80637 München-Neuhausen · Taxisstraße 12
Tel. 15 68 27 · www.taxisgarten.de

Wann
Täglich 11 - 23 Uhr
Küche ab 11.30 Uhr

MVV
U 1 Gern

Rad
Radwege Dachauerstraße, Landshuter Allee, Waisenhausstraße;
500 m Concordia-Park (50)
2 km Olympia-Alm (46)
3 km Hirschgarten (66)
4 km Fasanerie (56)
4,5 km See-Biergarten Lerchenau (48)

Parken
Kleiner P im Hof, sonst schwierig im Wohngebiet

Sitzplätze
1500; großteils Holzgarnituren

Essen
Große Auswahl auch an Brotzeiten; Obatzda-Trio, Mexikanisches Feuerhuhn

Kinder
Großer Spielplatz, gut einsehbar

Plus
Gewachsener, schöner Biergarten

Minus
Abends oft Warteschlangen beim Essen

Fazit
Schöne Traditions-Einkehr in altem Garten

52 Unser Tipp:

Für Fans und Väter
Der Taxisgarten liegt nur einen guten Kilometer vom Olympiagelände – was bietet sich also mehr an nach einer Veranstaltung dort?
Noch günstiger liegt der Biergarten zur entbindungsträchtigen Frauen-Klinik vom Roten Kreuz gleich über der Straße. Wie viele Generationen werdender Väter wohl schon Bammel und Baby im Taxisgarten begossen haben?

Alter Wirt Moosach

Anno 1442, also noch vor dem Reinheitsgebot, sperrte der Alte Wirt erstmals auf. Seit 2014 ist endlich Platz für einen schönen Biergarten. Der Garten teilt sich in den bedienten Abschnitt nahe dem denkmalgeschützten Wirtshaus und den neuen SB-Bereich, der vom renovierten Nebengebäude mit neuer Schänke und eigener Küche versorgt wird. Die alten Salettln verleihen dem Garten einen gewachsenen Charakter.

Der Wirt hat lange Jahre in der Brauerei gearbeitet und dann später bei den Bierbrauern von *Doemens* die Schulbank gedrückt. So können wir uns auf ein gepflegtes Bier in vorgekühlten Krügen freuen. Nach Jahreszeit gibt es Saisonbiere.

Lang vorbei ist die Zeit, als Moosach noch ein kleines Dorf war und die Salzstraße direkt am Wirtshaus vorbei ging. Heute haben wir die Dachauerstraße, dazu Geschäfte, Hotels, Studentenbuden. Die alteingesessenen Moosacher und die Studenten haben den Biergarten jedenfalls rasch für sich entdeckt.

HB
MÜNCHEN

80992 München-Moosach · Dachauer Str. 274
Tel. 1 40 72 76 · www.alterwirt-moosach.de

Wann
Täglich 16 - 22 Uhr
Vor 16 Uhr kann man sich das Bier im Wirtshaus holen.

MVV
Tram 20 Haltestelle Pelkovenstr.
U3 Moosach
S1 Moosach (Flughafenlinie!)

Rad
2 km Fasanerie (56), 3 km Seebiergarten Lerchenau (48)

Parken
15 Parkplätze für BG-Besucher, nach Feierabend genügend weitere in der Gegend

Sitzplätze
ca. 650

Essen
Normales Biergartenangebot. Alles wird frisch zubereitet, liegt also nicht stundenlang in der Auslage. Saisonbier, meist Sommer- oder Kellerbier

Kinder
Kleiner Spielplatz, gut einsehbar

Plus
Gepflegtes Bier, frisch zubereitete Speisen

Minus
Auch am Wochenende erst ab 16 Uhr offen

Fazit
Netter übersichtlicher Nachbarschaftsbiergarten

54 Unser Tipp:

Alt-Moosach
Vom Biergarten die Pelkovenstraße hinauf stoßen wir nach 500 Metern auf den alten Moosacher Dorfkern. Das Pelkovenschlössl, die alte St. Martinskirche samt Friedhof, das Hacklhaus und die umliegenden ehemaligen Bauernhäuser wie der Rieger-Hof bilden das Herzstück des Dorfes. Über die eine oder andere Bausünde sehen wir hinweg. Vor allem im Pelkovenschlössl lässt es der Moosacher schon mal krachen, z.B. beim Maifest und beim Dorffest. Das ganze Programm hier: www.pelkovenschloessl.de

Fasanerie

Die Fasanerie gehörte einst zum Hof von Schloss Nymphenburg und lieferte durch Jahrhunderte das Wildbret für die kurfürstliche und später königlich-bayerische Jagd und Tafel. Die königliche Abkunft sieht man dem stattlichen Wirtshaus immer noch an.

Heute gibt's im Gasthaus illustre Feste und Gäste. Der Biergarten aber ist fürs normale Volk gedacht. Nur den Gästen der bedienten Terrasse schiebt man noch Plastikstühle unter – zur Strafe müssen die dann auch unter Schirmen darben. Selber schuld.

Die Fasanerie ist ein Biergarten, wie er sein soll: Ausflugsatmosphäre, dazu ein naturtrübes Sommerbier und dann lässt sich's hier am Waldrand einfach gut münchnerisch sein! Doch Vorsicht: An weniger warmen Tagen, selbst wenn es ein Sonnentag im August ist, sperren die Buden nicht immer auf.

Das Signallicht an der Schänke zeigt die letzte Runde an: Wenn es auf Blau steht, wird es höchste Zeit! Sonntags wird's schon mal laut, dann spielen zuweilen phonstarke Bands auf.

MÜNCHEN

80997 München-Moosach · Hartmannshofer Straße 20
Tel. 1 49 56 07 · www.neue-fasanerie.de

Wann
Mo - Sa 14 - max. 22.30 Uhr
So ab 11 Uhr je nach Wetter
und Nachfrage

MVV
Bus 143/162
Tram 17 Amalienburgstraße

Rad
Radweg Verdi-, Menzingerstraße
2,5 km Insel-Mühle (60)
3,5 km Hirschgarten (66)

Parken
Zufahrt von Menzinger Straße
über Schragenhofstraße, links
durch Unterführung (Schild),
P auf dem Grünstreifen

Sitzplätze
1400; durchweg Holzgarnituren

Essen
Übliche Auswahl, Steckerlfisch,
Tagesangebote

Kinder
Spielplatz, gut einsehbar;
kleine Spielwiese

Plus
Sommerbier, naturtrüb
Ruhige Lage im Wald

Minus
Viele Schirme, nicht immer
offen

Fazit
Versteckter Waldbiergarten
mitten in München

56 Unser Tipp:

Botanischer Garten
Wenn Sie sich für mehr als nur Kastanien interessieren, wie wär's mit einem Besuch im Botanischen Garten? Wunderliche Blüten aus allen Kontinenten treiben hier. Wer sich ins tropische Gewächshaus verirrt, kriegt Sauna pur verabreicht und nimmt schnurstracks Reißaus in Richtung Fasanerie, die uns nach 10 Minuten Fußmarsch mit köstlich kühlem Schatten empfängt. Neben dem Botanischen Garten liegt Schloss Nymphenburg mit seinem großen Park (siehe unser Tipp 66).

Zum Grünen Baum

Ein schmuckes Wirtshaus mit einem angenehmen Biergarten, halb sonnig, halb schattig und an unvermuteter Stelle, kurz vor dem Rondell zur Stuttgarter Autobahn. Eher für die Anwohner ist die Feierabend-Maß gedacht: Ein günstiger Spezialpreis für die Maß zwischen 15 Uhr und 17.30. Cooler ist die Eismaß: Bier im gefrosteten Glas für 10 Cent extra.

Das Personal in den Salettln ist engagiert bei der Sach und wenn der Schankkellner die Glocke läutet, wissen die vielen Stammgäste: Jetzt wird ein frisches Augustiner-Vollbier aus dem Holzfass angezapft, nix wie hin zur Schänke! Das gibt es jeden Tag ab 17.30 Uhr. „Solang's nicht regnet, haben wir offen" sprach die Wirtin und wir hörten es gerne. Notfalls hole man sich das Bier eben im Wirtshaus selbst, passt schon.

Nur das Wirtshaus selber trennt den Garten von der lauten Verdistraße, das ist der einzige Wermutstropfen in dieser angenehmen Anlaufstelle.

J. W.
Augustiner-
Bräu München
gegründet 1328

81247 München-Obermenzing · Verdistraße 47
Tel. 81 08 93 14

Wann
Mo - Sa 15 - 23 Uhr,
So ab 14 Uhr

MVV
Direkt am S 2 Bahnhof Obermenzing
Bus 143/162 Bhf. Obermenzing

Rad
2 km Fasanerie (56)
2,5 km Insel-Mühle (60)

Parken
Kleiner P im Hof, sonst im Wohngebiet

Sitzplätze
700; durchweg Holzgarnituren

Essen
Preiswerte Gerichte, z.B. die halbe Portion Spare Ribs

Kinder
Sehr kleiner Spielplatz, gut einsehbar

Plus
Günstiges Essen

Minus
Straßenlärm

Fazit
Stressfreier, sehr angenehmer Rastplatz

58 Unser Tipp:

Wetten dass...
... 98 von 100 Münchnern den Grünen Baum noch nicht kennen? Natürlich, am Chinaturm war schon jeder mal, aber wie viele versteckte Gartenschönheiten gibt es in München, nur den Nachbarn bekannt? Dazu fällt uns neben dem Grünen Baum die *Geyerwally* (48) ein, der *Alte Wirt* (90) in Ramersdorf, die *Aubinger Einkehr* (60) und, und, und ...

Insel-Mühle

Eines der schönsten Fleckerln Biergartenerde, von der Würm umspült und von einem prächtigen Blätterdach gekrönt. Am Eingang empfängt uns das große Mühlrad, auf dem die Kinder herumturnen. Wer dann einen Tisch direkt am Ufer ergattert, mag gar nimmer aufstehen.

Ringsum kühlt fließend Wasser das Auge und zur Freude von Kindern und Enten ragt auch eine kleine Bucht in den Biergarten hinein.

Früher gab's hier Löwenbräu, jetzt perlt Augustiner in den Krug. Neulinge fahren an der Insel-Mühle leicht vorbei, so versteckt liegt sie im Winkel hinter den hohen Bäumen.

J. W.
Augustiner-
Bräu München
gegründet 1328

80999 München-Untermenzing · Von-Kahr-Straße 87
Tel. 8 10 10 · www.inselmuehle.com

Wann
Mo - Do 12 - max. 23 Uhr
Fr - So ab 11 Uhr

MVV
S 2 Allach, Bus 160/165
Friedhof Untermenzing

Rad
Radwege von Pasing entlang der Würm, von Neuhausen an Allacher/Von-Kahr-Straße; 2,5 km Fasanerie (56)

Parken
P gegenüber Friedhof

Sitzplätze
800; meist Holztische

Essen
Übliche Auswahl am Wochenende: Steckerlfisch und Bier vom Holzfass

Kinder
Schöner Spielplatz, gut einsehbar; fünf Geldgeräte

Plus
Lage an der Würm

Minus
Nicht immer offen

Fazit
Traumplatz am Wasser

60 Unser Tipp:

Nicht weit von hier...
...am Ende der Stuttgarter Autobahn, liegt Schloss Blutenburg, das sich als Ausflugsziel empfiehlt. Dort gibt es neben einem kleinen See eine kleine Gastwirtschaft – auf der Vorderseite bietet die Terrasse Seeblick, die Rückseite öffnet sich in den großen Innenhof der Blutenburg. Dort empfängt uns auch die Internationale Jugendbibliothek. Außerdem finden gelegentlich Ausstellungen und Weinfeste statt.

Zur Aubinger Einkehr

Nicht leicht zu finden ist die Aubinger Einkehr, nicht nur weil sie eigentlich in Neuaubing liegt, noch mehr, weil sich der Biergarten hinter Mauern und Hecken versteckt. Das stört jedoch die Gäste aus Neuaubing nicht, von weiter her kommen eh nicht viele. Ein Nachbarschaftsbiergarten der alten Sorte also, in den man nach der Arbeit geht und hockenbleibt bis zum Abwinken.

Besondere Biergartenpretiosen braucht man hier nicht erwarten, aber ein ruhiger und angenehmer Abend läßt sich in der Einkehr jederzeit verbringen. Wer schon hier ist, werfe noch einen Blick in den Innenhof hinter der Tordurchfahrt mit Münchens kleinstem Uhrturm.

J. W.
Augustiner-Bräu München
gegründet 1328

81249 München-Neuaubing · Gößweinsteinplatz 7
Tel. 87 55 81 · www.aubinger-einkehr.de

Wann
Täglich 11 - 22 Uhr (Schankschluss)

MVV
S 8 Neuaubing
Bus 267 Hohensteinstraße

Rad
2 km Schlosswirtschaft Freiham (58)

Parken
Vor dem Haus und im Wohngebiet

Sitzplätze
1000; teils Garnituren, teils Tische

Essen
Normales Angebot; diverse kleine warme Beilagen; Rahmschwammerl; manchmal Ribeye-Steak; Mo - Fr Mittagsgericht

Kinder
Kleiner Spielplatz, gut einsehbar

Plus
Ruhig; halb Sonne, halb Schatten; bodenständig; günstiges Bier

Fazit
Nachbarschafts-Einkehr alter Schule

62 Unser Tipp:

Allee-Wanderung
Vom S-Bahnhof Gräfelfing rechts am Rathaus vorbei die Freihamer Straße hinauf. Durch die Villengegend kommen wir in den Wald, überqueren die Autobahn und befinden uns nun auf der Allee nach Freiham.
Vorne an der Hauptstraße rechts halten und nach dem Ortsschild München die dritte Straße links ab zum Biergarten (4,5 km von Gräfelfing).

Prinzregent Garten

Hochherrschaftlich der Name, das Bier, das Eingangstor und trotzdem ein gemütlicher Biergarten mit gemütlichen Preisen.

Seit der Landsberger Hof der neuen Pasinger Nordumgehung zum Opfer fiel, ist der Prinzregent Garten das einzige echte Biergarten-Gwachs in Pasing.

Im nahen Westbad abgebräunt wie Leberkäs, sucht mancher Sonnengeschädigte die überaus schattigen Tische auf, denn Sonne blinzelt eher selten durchs dichte Kastaniendach. Wenn das Westbad voll ist, dann ist hier schwer ein Parkplatz zu finden, abends wird es aber meist besser. Der Radweg führt direkt vor dem Biergarten vorbei.

An den Biertischen des Prinzregent Garten lässt sich ein ruhiger und angenehmer Abend verbringen.

Kaltenberg
BIER VON KÖNIGLICHER HOHEIT

81241 München-Pasing
Benedikterstraße 35 · Ecke Weinbergerstraße
Tel. 8 20 27 60 · www.prinzregentgarten.de

Wann
Täglich 10 - 23 Uhr

MVV
Tram 19 Westbad
Bus 57 Westbad

Rad
3 km Lochhamer's (120)

Parken
Auf der Straße, evtl. am Westbad-Parkplatz

Sitzplätze
450; durchweg Holztische

Essen
Übliche Auswahl zu relativ günstigen Preisen

Kinder
Kleiner Spielplatz, gut einsehbar

Plus
Sehr schattige Kastanien

Minus
Direkt an der Straße (am Wochenende wenig befahren)

Fazit
Ideal für Hochsommer-Tage

64 Unser Tipp:

Bad und Bier
Gerade an den heißesten Sommertagen bieten erst das nahe *Westbad* (fünf Minuten zu Fuß) und dann der überaus schattige Biergarten die optimale Kühlung von außen und innen. Natürlich geht's auch umgekehrt. Bier plus Hitze kann bekanntlich müde machen und da bieten sich die Liegewiesen und Wasserrutschen im *Westbad* an.

Hirschgarten

Man muss es mal erlebt haben, in einer lauen Sommernacht, von der Parkseite her näherkommend, wenn erst ein fernes Summen in der Luft liegt, das langsam lauter wird, schließlich zum Brausen der Stimmen und Geklingel der Krüge anwächst und dann, ja dann steht man mittendrin in der Brandung mit Schaumkronen, im Meer der 7000 Bier- und Redseligen, im Epizentrum des bajuwarischen Lebensgefühls.

Noch etwas, was man erlebt haben muss: den Schankkellner. *„Maßkriagl selber hoin!"* wird bayerisch-freundlich jeder angeherrscht, der die Stirn hat, unbewaffnet vor dem Herrn zu erscheinen. Dann aber gibt's ein zünftiges Augustiner aus dem 200-Liter-Holzfass. Prost Herr Nachbar, Leben satt!

Bei halbgarem Wetter oder zeitig im Jahr hat in jedem Fall die SB-Schänke im Wirtshaus drinnen für die Hartgesottenen geöffnet. Das Hirschgartenleben findet zunehmend an Holztischen mit Stühlen statt – die klassischen Biergarnituren versammeln sich nur noch weit hinten am Karussell.

Augustiner-Bräu München gegründet 1328

80639 München-Neuhausen · Hirschgarten 1
Tel. 17 99 91 19 · www.hirschgarten.de

Wann
Täglich 11.30 - 23.30 Uhr
So ab 11 Uhr
schon früh im Jahr offen

MVV
S 1 - 6/8 Laim oder
Hirschgarten, Bus 132,
Tram 16/17 Steubenplatz

Rad
Radwege Arnulfstraße,
Fürstenrieder-, Wotanstraße;
2,5 km Taxisgarten (52)
3 km Augustiner-Keller (22)
3 km Laimers (68)

Parken
P, aber Vorsicht, oft voll!

Sitzplätze
7000; durchweg Holztische
im Gartenteil; am Gehege feste
Holztische

Essen
Große Auswahl von Almkäs bis
Zuckerwatte; bester Rollbraten;
Fischer-Vroni

Kinder
Kettenkarussell, Wildgehege,
Wiesen, Spielzeugstand,
im Juli Magdalenenfest

Plus
Schiere Größe, gute Stimmung,
Krüge selber holen

Fazit
Trotz Rekordgröße ein
Ur-Münchner Klassiker

66 Unser Tipp:

Nymphenburger Park
Die Sommerresidenz bayerischer Potentaten bietet einen herrlichen Park mit eingelagerten Juwelen: Allen voran die Amalienburg, dazu Badenburg und Magdalenenkapelle, dazwischen Seen und Katarakte, Liegewiesen und verwunschene Ecken. Auf das Hauptschloss kann man dabei getrost verzichten, das heben wir uns für den Winter auf. Vom Marstallmuseum mit seinen Kutschen geht es dann über die Hirschgartenallee zum Biergarten.

Laimers

Ein entspannter und gut versteckter Biergarten in der Wohngegend zwischen Landsberger und Agnes-Bernauer-Straße. Das Wirtshaus kennt man ja noch, doch um den Garten wissen meist nur die Anwohner aus Laim oder vielleicht noch Pasing. Schade, dass die Buden nicht immer offen haben. Der halbe Biergarten besteht ohnehin aus bedienten Tischen.

Von der Großstadthektik hört und spürt man hier nichts. Alte Bäume und das gute Essen in den Buden runden das Bild ab. Einfach angenehm.

Abends kommen viele jüngere Leute, die sonst das angesagte Wirtshaus drinnen frequentieren.

LÖWENBRÄU

80678 München · Agricolastraße 16
Tel. 5 46 64 01 · www.laimers.com

Wann
Täglich 17 - 23 Uhr
ca. 22.30 Ende Ausschank

MVV
Tram 19 Agnes-Bernauer-Platz

Rad
3 km Hirschgarten (66)
4 km Rosengarten (76)

Parken
in der Wohngegend

Sitzplätze
200

Essen
Chicken Wings, Hamburger und natürlich das übliche Biergartenangebot

Kinder
kleiner Spielplatz

Plus
Angenehme Nachbarschaftsschänke

Minus
Buden nicht immer offen – dann bleibt nur die Bedienung.

Fazit
Ideal für einen ruhigen Abend mit anschließender Hollywood-Action

68 Unser Tipp:

Auf ins Rex

Das Neue Rex ist eines der letzten Nachbarschaftskinos in München und im gleichen Gebäude wie das Laimers. In den 50er Jahren eröffnet, hat es bis heute der Konkurrenz der Multiplex-Kinos und Innenstadt-Filmpaläste getrotzt. Die Spätvorstellung bietet sich nach Schankschluss im Biergarten an. Das Programm vom Rex gibt es unter www.neuesrex.de

Hopfengarten

Wie sein Westpark-Bruder, der *Rosengarten* (76), wurde der Hopfengarten zur Gartenbau-Ausstellung 1983 geschaffen. Hier passt alles, die Holztische, die Kastanien samt Maibaum, die Brotzeitstandl, auch gibt's Parkplätze in Mengen. Donnerstags und Sonntags spielt im Sommer Live Music von der verstärkten Sorte, samstags steigt ein Flohmarkt. Gleich nebenan klotzt die olympische Raumstation Audi-Dome alias Rudi-Sedlmayr-Halle selig. Hier feuert *Uli Hoeneß* seinen FC Bayern an, den mit den wirklich überragenden Spielern, will sagen: die Basketballer.

Vor einer Veranstaltung in der Halle oder nach einer Tour im Westpark (s.Tipp) lässt sich hier angenehm Rast machen.

81373 München-Westpark · Siegenburger Straße 43
Tel. 7 60 88 46 · www.hopfen-garten.de

Wann
Täglich 10 - 22/23 Uhr

MVV
Bus 133 Siegenburger Straße

Rad
Radwege im Westpark
und Garmischer Straße;
1,2 km Rosengarten (76)
1,5 km Spektakel (72)

Parken
großer P an der Rudi-Sedlmayr-Halle, Zufahrt Siegenburger Straße

Sitzplätze
1900; durchweg Holzgarnituren

Essen
Gute Auswahl; empfehlenswert sind Schweinshaxn und Obatzda; Steckerlfisch

Kinder
Spielplatz, viel Auslauf

Plus
Sommerstockbahn,
auch für Skater geeignet

Fazit
Moderner Biergarten mit Parkanschluss

70 Unser Tipp:

Durch den Westpark
Ost- und Westteil des Parks sind per Brücke über den Mittleren Ring verbunden. Wiesen, Hügel, Wäldchen, zwei Seen und die Überbleibsel der IGA wie die japanische Pagode machen den Westpark zum lohnenden Ausflugsziel, die zwei Biergärten prägen ihn gut münchnerisch. Kinder reizt der Wasserspielplatz, der Bolzplatz, der Modellboothafen.

Spektakel

Das Spektakel, der frühere Tannengarten, ist ein anständiger und ruhiger Biergarten nahe der alten Sendlinger Kirche – weit und breit der Einzige seiner Art. Doch ist er arg bedroht von Immobilienprojekten und Nachverdichtung – kein Platz für einen der letzten alten Nachbarschaftsgärten Münchens, den selbst viele Sendlinger nicht kennen, so versteckt liegt er. Natürlich, die Wohnbebauung ist auch bislang schon bedenklich nahe gerückt, die Anwohner schauen uns von oben in den Maßkrug. Trotzdem, man könnte miteinander auskommen, wenn man nur mögen täte.

Ob das Spektakel auch im nächsten Sommer aufsperrt oder vielleicht erst nach Fertigstellung des Projektes – nix gewisses weiß man nicht. Vielleicht lässt sich das urige Wirtshaus retten, aber der Garten wird wegplaniert? Arg schad wärs! Es bleibt das Prinzip Hoffnung.

81373 München-Sendling · Pfeuferstraße 32,
Tel. 76 75 83 59 · www.spektakel-muenchen.de

Wann
SB Mo - Fr 16 - 23 Uhr
Wochenende 14 - 23 Uhr
Schankschluss 22.15 Uhr

MVV
U 6, S 7 Harras
Bus 53 Sendlinger Kirche

Rad
Radwege Lindwurmstraße und Richtung Westend
1,5 km Hopfengarten (70)

Parken
Im Wohngebiet; werktags bis 23 Uhr nur mit Parkschein oder Parkausweis

Sitzplätze
600; durchweg Holzgarnituren

Essen
Günstiges Preislimit (auch Spare Ribs oder Chicken Wings)

Kinder
Kleiner Spielplatz, gut einsehbar

Plus
Gelassene Atmosphäre inmitten der Stadt

Fazit
Günstiger und gemütlicher Nachbarschafts-Biergarten

72 Unser Tipp:

Spektakel im Spektakel
Seit 2014 bietet das Spektakel eine Veranstaltungsreihe mit Live-Musik, Kleinkunst und Kabarett. Näheres zum Programm unter http://sieger-events.de/Spektakel_Live/spektakel_live.html

Augustiner Schützengarten

Der Augustiner Schützengarten firmierte früher unter *Münchner Haupt*, noch früher unter *Schießstätte*. Trotz aller Umtaufen bleibt es ein großer, schöner, wohlversteckter Biergarten in Sendling, weithin sichtbar überragt von einem gewaltigen Anwesen – gegen Ende des 19. Jahrhunderts als Neue Schießstätte der Königlich Privilegierten Hauptschützengesellschaft München errichtet und heute als Baudenkmal in die Bayerische Denkmalliste eingetragen. Geschossen wird da drinnen noch immer und nicht nur für die Sendlinger unter den Münchnern ist der Biergarten deshalb bis heute *„die Schießstätte"*.

Zufällig findet man diesen Biergarten im Herzen Sendlings nicht. Aber angekommen, empfängt uns ein weitläufiges Areal mit einem schattigen und einem sonnigen Garteteil, dazu ein attraktiver Spielplatz. Sonntags können wir Swing oder Blasmusik genießen und *„die günstigste Holzfass-Maß in München"* ist eh über jeden Zweifel erhaben.

Augustiner Bräu München gegründet 1328

Zielstattstraße 6 · 81379 München-Sendling
Tel. 72 46 80 88 · www.augustiner-schützengarten.de

Wann
Täglich 11 - 23 Uhr

MVV
U 3 Aidenbachstraße
S 7 Mittersendling
Bus 53 Zielstattstraße

Rad
2 km Flaucher (90)
4,5 km Waldwirtschaft (138)

Parken
Kleiner P im Hof, sonst auf der Straße

Sitzplätze
2500; durchweg Holz

Essen
Klassische Auswahl; abends und am Wochenende Steckerlfisch vom Holzkohlengrill, Crêpes-Stand

Kinder
Großer, schöner Spielplatz, gut einsehbar; viel Auslauf

Plus
Historisches Flair; gewachsener Biergarten; urig-gemütlich

Fazit
Traum-Biergarten mit Holzfass-Maß'n aus Münchens ältester Brauerei

74 Unser Tipp:

Sommerbiathlon
Nicht jeder weiß, dass es Sommerbiathlon überhaupt gibt. Doch wenn nicht hier, wo dann? Gleich hinter den Essbuden lässt sich im Hochsommer prima Langlaufen und das Schwarze treffen – ob es dazu einer Ladung Zielwasser bedarf, bevor wir die Silberbüchse schultern, dazu erkundige man sich vorab bei der Hauptschützengesellschaft: www.hauptschuetzen.eu. Wer's friedlicher mag, sehe sich einmal das historische Wirtshaus an, im Festsaal prangt Kaulbachs Gemälde *Schützenliesl*.

Rosengarten

Dornenstengel mit den seltsamsten Namen umgürten diesen Biergarten, der zur Internationalen Gartenbau-Ausstellung 1983 eingerichtet wurde. Das sieht man ihm auch an, a bisserl fehlt die Tradition. Landschaftsarchitektur eben statt behutsames Wachstum. Doch ein schöner, schattiger Biergarten ist trotzdem draus geworden. Den ganzen modischen Schnickschnack macht der Rosengarten nicht mit und kein Schirmwald verstellt den Blick auf Laub und weiß-blauen Himmel. Der Maibaum mitten im Biergarten vereint die Farben der beiden traditionellen Münchner Fußballvereine.

Von der Anhöhe des Biergartens überschauen wir den IGA-Park samt See. Am Wochenende wird dort unten auf den Wiesen kräftig gesportelt. Im Biergarten selbst parlieren Münchner verschiedenster Muttersprache. Und wenn abends auf der Leinwand der nahen Seebühne Sommerkino geboten wird, liegt der Rosengarten zur Einstimmung gerade recht!

PAULANER

Feinste Münchner Braukunst seit 1634

81377 München-Westpark · Westendstraße 305

Tel. 57 86 93 00 · www.wirtshausamrosengarten.de

Wann
Täglich 11 - 23/24 Uhr, an heißen Tagen auch länger

MVV
Bus 51/151 Andreas-Vöst-Straße, Tram 18 Stegener Weg

Rad
Radwege durch Westpark, an Fürstenrieder- und Westendstraße;
1,2 km Hopfengarten (70)
4 km Laimers (68)
3,5 km Hirschgarten (66)

Parken
großer P an der Westendstraße

Sitzplätze
1800; durchweg Holzgarnituren

Essen
Bis 23 Uhr; normale Auswahl selbstgemachter Obatzda
Spezialität: Steckerlfisch vom Holzkohlengrill

Kinder
Großer Abenteuer-Spielplatz nahebei, nicht einsehbar; kleiner Spielplatz am Biergarten

Plus
Schöner Blick über den Park

Fazit
Echtes Münchner Gwachs in feiner Botanik

76 Unser Tipp:

Seebühne im Westpark
Vom Biergarten blickt man hinab auf den kleinen See im Westpark.
Am Ufer eine japanische Pagode und die Seebühne, die im Juni und Juli für die sogenannten Blutenburger Konzerte genutzt wird. Die Bayerische Staatsoper gastiert dort oder das Shakespeare-Ensemble. Ein Sommernachtstraum samt Biergarten!
Infos und Karten bei den Vorverkaufsstellen.

Waldheim

Hier sind wir noch innerhalb der Stadtgrenzen und doch hört die Stadt sozusagen direkt vor dem Waldheim auf und der Ausflug beginnt. Das Traditions-Wirtshaus steht schon mitten im Grünen. Mitbetreiberin von Gasthaus und Biergarten ist die Wirtin vom *Forsthaus Kasten* (132).

„Das Erlebnis der Sinne" gab sich das Waldheim als offizielles Motto, inzwischen wirbt es mit dem Slogan „die Event-Location". Na Prost Mahlzeit. Davon mal abgesehen ist es ein rundum, angenehmer Biergarten, ganz ohne Schicki-Micki-Gehabe, einfach gradaus halt!

Für einen feuchte Geburtstagsfeier im Sommer bietet sich die Partybox an – Salettl darf man ja nicht mehr sagen. Außerdem gibt's täglich wechselnde Mittagsgerichte zu moderaten Preisen.

81377 München-Großhadern · Waldheim 1
Tel. 71 60 65 · www.waldheim.de

Wann
Täglich 10.30 - 22.30 Uhr

MVV
U 6, Bus 266/269
Klinikum Großhadern,

Rad
Radwege rund um den Waldfriedhof;
1 km Erdinger Weißbiergarten (211)
1 km Schwaige (80)
6 km Forsthaus Kasten (132)

Parken
Zufahrt über Tischlerstraße,
P am Haus

Sitzplätze
2000; durchweg Holzgarnituren

Essen
Große Auswahl von klassisch über exotisch bis vegetarisch; Pastastation

Kinder
Spielplatz mit antikem Karussell, gut einsehbar

Plus
Ruhige Lage am Waldrand

Fazit
Angenehme, ruhige Einkehr

78 Unser Tipp:

Virtueller Biergartenabend

Auch bei Schnürlregen können Sie in den Biergarten: via Internet unter www.waldheim.de. Das Waldheim war einer der ersten Biergärten, die das Medium mit einer eigenen Homepage bereicherten. Manchmal wäre eine Webcam hilfreich, um zu sehen, ob die Buden nach dem Regen wieder geöffnet haben oder ob was los ist. Doch die Antwort auf die Frage aller Fragen wird auch dort nicht zu finden sein: Ob das Wetter heute abend hält?

Einkehr zur Schwaige

Ein Nachbarschaftsbiergarten der moderneren Sorte. Eine ganze Weile hat's ja gedauert, aber inzwischen bieten nun auch die Bäume der Schwaige den rechten Biergarten-Schatten.

Nebenan, im Schloss Fürstenried, wurde Otto, der Bruder von König *Ludwig II.*, auf Jahrzehnte festgesetzt, der geistigen Umnachtung wegen – ein Märchenkönig war schließlich genug.

Für Kinder gibt's direkt am Biergarten eine Spielwiese. Im ersten Stock des Hauses wartet ein Spielzimmer.

Ein großer Vorteil der Schwaige: Sie hat einen extralangen Tisch für Feste aller Art (siehe Tipp). Da die direkten Nachbarn fehlen, kann man hier auch bis Mitternacht sitzenbleiben.

81475 München-Fürstenried

Forst-Kasten-Allee 114 · Ecke Tischlerstraße

Tel. 72 44 76 22 · www. einkehr-schwaige.de

Wann
Wochentags 15 - 22 Uhr
Wochenende 11 - 24 Uhr

MVV
U 3 Fürstenried West;
Bus 166 Tischlerstraße
Bus 56 Bellinzonastraße

Rad
Radwege um den Waldfriedhof und an der Autobahn Garmisch;
1 km Waldheim (78)
1,2 km Maxhof (82)

Parken
Eigener P am Biergarten

Sitzplätze
600; meist Holztische

Essen
Übliches Angebot, Spare Ribs empfehlenswert

Kinder
Spielwiese am Biergarten, keine Geräte; Spielplätze 100 m Richtung Schloss, nicht einsehbar

Plus
Extra langer Tisch für Feste

Minus
Kein einsehbarer Spielplatz vorhanden

Fazit
Moderner Biergarten in ruhiger Umgebung

80 Unser Tipp:

Riesenstamm-Tisch
Ideal für die große Gartengesellschaft: Der märchenhafte Tisch, der längste, den wir in einem Biergarten gesehen haben, geschnitten aus einem einzigen Riesenstamm. An die 50 Leute finden hier Platz (wenn's nicht grad alle bajuwarisch gstandne Mannsbilder sind). Fehlt bloß noch das nötige Irxenschmalz, aber das werden die Brotzeiten in Holzhackerdimension schon richten.

Maxhof

Unweit des Forstenrieder Parks, inmitten eines behäbigen Wohngebiets, liegt ganz unvermutet dieser gemütliche Biergarten. Ruhig ist's hier unter den wuchtigen Kastanien, kein Schnickschnack ist nötig, um sich rundum wohl zu fühlen.

Bier- und Brotzeitstandl haben unter der Woche mittags noch zu, dann muss man sich an den bedienten Tischen niederlassen oder sich das Bier im Lokal holen.

Ein kleiner Biergarten eben, nicht großgastronomisch durchrationalisiert, das macht ihn auch so angenehm. Ideal zum Entspannen nach einem arbeitsreichen Tag.

81475 München-Maxhof · Mühlthalerstraße 91
Tel. 75 96 88 70 · www.gasthaus-maxhof.de

Wann
Mo - Fr 16 - 22 Uhr
Sa/So ab 12 Uhr

MVV
U 3 Fürstenried West,
Bus
56/134/166/260/261/267/936
Fürstenried West

Rad
Radwege entlang der Autobahn Garmisch, Graubündner- und Neuriederstraße;
1,2 km Schwaige (80)

Parken
Im Wohngebiet; Tiefgarage

Sitzplätze
250; meist fest installierte Holztische

Essen
Normale Auswahl; große, preiswerte Portionen; gute Hendl; Spare Ribs mit hausgemachter Sauce

Kinder
Spielplatz, gut einsehbar
Trampolin

Plus
Alte Bäume, ruhige Atmosphäre, preiswertes Essen

Fazit
Kleine, stressfreie Einkehr

82 Unser Tipp:

Radeln im Forstenrieder Park
Nach der Stärkung im Maxhof liegt vor uns der Forstenrieder Park mit einer Fülle von Rad- und Fußwegen im Wald und Biergärten rundherum.
Der nächste liegt sogar mitten drin: *Forsthaus Kasten* (132). Weiter ist es nach *Leutstetten* (134) oder unter der Autobahn hindurch nach *Buchenhain* (136). Fahren Sie die Maxhofstraße bis zum Waldrand. Dort am Forsthaus zeigt Ihnen die Übersichtstafel den Weg.

Hinterbrühl

Ein klassischer Ausflugsbiergarten mit alten Kastanien, günstigen Preisen und einem rauschenden Bächlein am Eingang. Hier regierte einst *Karl-Heinz Wildmoser*, der König der Löwen. Die Holzhütten am Wirtshaus erinnern an *Ludwig Thomas* Zeiten.

Der Biergarten hat mehr den Charakter einer Terrasse als den eines weitläufigen Areals. Alle Bierbänke bieten Rückenlehnen. Wir genießen die Aussicht aufs Wasser: Vor allem nachmittags johlen die Floßfahrer auf dem nahen Isarkanal vorüber, das Ziel ihrer Fahrt schon fast vor Augen.

Wer sich in Hinterbrühl gehörig gestärkt hat bei einer Maß Hacker-Pschorr, der kann den steilen Weg hinauf zur *Waldwirtschaft* (138) antreten, direkt vor dem Eingang geht's los. Von Montag bis Freitag schlucken wir nachmittags von der Happy Maß zu extra günstigem Preis.

81479 München-Thalkirchen · Hinterbrühl 2
Tel. 79 44 94 · www.gasthof-hinterbruehl.de

Wann
Täglich 11 - ca. 21 Uhr (Schankschluss, je nach Andrang)

MVV
U 3 Thalkirchen, dann Bus 135 Thalkirchen (Campingplatz)

Rad
Radweg von der Isar über die Marienklausenbrücke;
3 km Flaucher (90)
3 km Waldwirtschaft (138)

Parken
kleiner P beim Biergarten Hinterbrühler Weg und auf der Straße davor

Sitzplätze
1000; durchweg Holzbänke mit Rückenlehne

Essen
übliche Auswahl; günstige Preise

Kinder
Spielplatz, etwas abseits, von der unteren Terrasse gut einsehbar; Trampolin

Plus
Ruhige Lage im Grünen, schöner Blick

Minus
Buden oft geschlossen
Teilweise Terrassencharakter

Fazit
Bestlage für Wanderer und Isarflößer; zu oft geschlossen

84 Unser Tipp:

Ab ins Eiswasser
Auf dem Isarkanal, direkt vor dem Biergarten, setzen die Floßfahrer von Wolfratshausen zum Endspurt an: Ein paar Meter noch und die feuchtfröhliche Fahrt ist zu Ende. Die Flöße werden zerlegt, die Stämme verladen. Noch ein paar Meter weiter zieht der Kanal durchs Sommerbad Maria Einsiedel: Ein Urvergnügen, erst ins Eiswasser des Kanals und anschließend ins bacherlwarme Schwimmbecken zu hupfen!

Gutshof Menterschwaige

Einer der schönsten Fuß- und Radlwege Münchens führt von der Großhesseloher Brücke hoch über der Isar zum alten Grünwalder Stadion. Plötzlich tut sich unterm Blätterdach ein weiter Platz auf – das Urbild eines Ausflugsbiergartens. Und weil der Durscht nach dem Radln wie immer groß ist, und weil die schattigen Holztische gar so locken, gönnen wir uns eine gut gekühlte Maß Bier.

Die Wirtschaft besteht schon seit 1803. Wer hier einkehrt, kann verstehen, warum König *Ludwig I.* seine fesche *Lola Montez* gerade hier einquartierte und zum Schäferstündchen aufsuchte. Ob Teufelsweib oder nicht: Ein Prachtplatzerl eben!

LÖWENBRÄU

SPATEN MÜNCHEN

81545 München-Harlaching · Menterschwaigstraße 4
Tel. 64 07 32 · www.menterschwaige.de

Wann
Täglich 12 - max. 23 Uhr

MVV
Tram 15/25 Menterschwaige

Rad
Radweg vom Grünwalder Stadion am Isar-Hochufer;
4 km Flaucher (90)
2 km Waldwirtschaft (138)
über Großhesseloher Brücke

Parken
Kleiner P, sonst in Wohnstraßen

Sitzplätze
1850; durchweg Holz

Essen
Gute Auswahl, gehobene Qualität: große Salatbar; Steckerlfisch vom Holzkohlengrill

Kinder
Großer, schöner Spielplatz, gut einsehbar

Plus
Sehr schattig, schöne Lage über der Isar

Minus
Hochuferpreise

Fazit
Echter Klassiker hoch über der Isar

86 Unser Tipp:

Bavaria-Filmstadt
Steigen Sie ein, und schnaufen Sie mit dem Bähnlein 90 Minuten übers Bavaria-Filmgelände. Unterwegs gibt's jede Menge Original-Filmrequisiten:
Wagen Sie einen Ritt auf dem Drachen Fuchur, oder besuchen Sie Asterix und Obelix im Gallischen Dorf. Gehen Sie ins 4D-Erlebniskino und ins Bullyversum.

Tram 25 (vom Halt Menterschwaige drei Stationen) bis Bavaria-Filmplatz. Führungen 9 - 16.30 Uhr.

Harlachinger Einkehr

Das klassische Gasthaus mit „Biergerechtsame", direkt am Scheitelpunkt des Harlachinger Bergs, liegt fast in Rufweite des Hellabrunner Elefantenhauses, wenn nicht im Sommer ein dichter grüner Vorhang zuginge. Sobald die ersten Frühlingssonnenstrahlen durchspitzen, öffnet der Biergarten für die zahlreichen Spaziergänger am Isar-Hochufer. Das freut auch die Maibaumwache des Harlachinger Burschenvereins, strategisch günstig im Schupfen nebenan stationiert. Wenn das nur gut geht!

Die wuchtigen Bäume von früher wichen der Sanierung, jetzt müssen halbstarke Exemplare Schatten herbringen. Die breiten Biergartengarnituren freuen uns. Sie lassen zum Brotzeitmachen viel mehr Platz als die sonst üblichen schmalen Tische. Ebenso genießen wir die tägliche Happy-Maß von 16 - 18 Uhr und nach 22 Uhr.

Zusperren muss der Biergarten erst um 4 Uhr früh. Der Wirt handhabt das aber ganz entspannt: Offen ist draußen eben solange, wie genügend Gäste da sind. Ein paar mal im Sommer gibt es Live-Musik von der Biergartenbühne.

Augustiner-Bräu München gegründet 1328

81545 München-Harlaching · Karolinger-Allee 34
Tel. 64 20 90 93 · www.harlachinger-einkehr.de

Wann
SB Mo - Fr 16 Uhr bis Ultimo
Sa/So ab 14 Uhr

MVV
Tram 15/25 Tiroler Platz

Rad
2 km Menterschwaige (86)
2,5 km Flaucher (90)

Parken
Kleiner **P** vorm Haus,
sonst im Wohngebiet

Sitzplätze
700; meist Holzgarnituren

Essen
Frisch zubereitete Spare Ribs und Holzfällersteaks auf Bestellung: diverse Würste und Käsesorten mit moderaten Preisen; Steckerlfisch

Kinder
Kleiner Spielplatz, gut einsehbar

Plus
Lage am Isar-Hochufer; Traditionsbiergarten; breite Tische

Minus
Eher kleine Bäume, viele Schirme

Fazit
Sonniger Klassiker in Ausflugslage

88 Unser Tipp:

Hier spukt's
Vom Biergarten nur über die Straße, direkt am Hochufer der Isar, versteckt sich das Annakircherl hinter dichtem Laub. Außen klein und unscheinbar, empfängt uns drinnen ein herrlicher Rokokoraum. Nachts soll es hier spuken, wenn die von einem Adeligen verlassene Geliebte, die sich aus Gram in der Isar ertränkte, als blaues Lichtlein um die Kirche wabert und biergartenselige Spätheimkehrer erschrickt. An der Stelle des Denkmals neben der Kirche stand früher ein kleines Schloss.

Zum Flaucher

Der Flaucher, das Naturerholungsgebiet an der Isar, bietet nicht nur Kiesbänke für Grillfeste und Nacktbader. Er birgt auch einen schönen Biergarten, seit *Johann Flaucher* 1873 die alte Jagdhütte der Wittelsbacher übernahm.

Angenehm fällt auf, dass die Holzbänke nicht so arg eng Hintern an Hintern stehen wie im Augustiner oder Hofbräukeller. Dafür haben sie jetzt alle eine Rückenlehne. Im Gartenteil hinterm Wirtshaus gibt es auch einen überdachten Bereich oder er kann für Veranstalltungen im Restaurant mit reserviert werden.

Wie eh und je gibt es viel Platz für Kinder und gleich nebenan eine große Sportwiese, falls Sie sich den gehörigen Durscht noch erstrampeln wollen. Der kommt aber auch von alleine, etwa beim nicht unbeträchtlichen Anmarsch vom Parkplatz. Viel besser jedoch lässt sich der Flaucher mit einer Radltour entlang der Isar verbinden. Und im Winter bietet das Flaucherstüberl Einkehr gegen Wind und Wetter. Im Sommer gibt es regelmäßig traditionell bayerische Veranstalltungen wie Auftritte von Goaßlschnalzern, Alphornbläsern, Trachtenvereinen...

LÖWENBRÄU

81379 München-Thalkirchen · Isarauen 8
Tel. 7 23 26 77 · www.zum-flaucher.de

Wann
Bei schönem Wetter täglich ab 10 Uhr geöffnet; 22.30 Uhr (Schankschluss)
z.T. schon früh im Jahr offen

MVV
U 3 Brudermühlstraße oder Thalkirchen, Bus 54 Schäftlarnstraße

Rad
Ideal an den Isar-Radwegen:
3 km Hinterbrühl (84)
4 km Menterschwaige (86)
4 km Muffatwerk (32)
5 km Englischer Garten

Parken
Meist ausreichend Platz an der Straße „Am Isarkanal"

Sitzplätze
1600; überwiegend Holztische

Essen
Übliche Auswahl, z.B. Krustenbraten oder Schnitzel, Steckerlfisch

Kinder
Schöner Spielplatz, gut einsehbar. Viel Platz zum Toben, keine Autos

Plus
Natur pur, viel Platz, bis spät geöffnet

Fazit
Perfekt für einen ganzen, langen Sommertag!

90 Unser Tipp:

Sportsachen mitnehmen!
Volley-, Völker-, Federballer, dazu Frisbee-Spieler, Freizeit-Kicker, hier auf der großen Sportwiese in Sichtweite der Maßkrug-Stemmer findet jeder etwas. Wetten, dass man Sie gerne mitmachen lässt?
Abkühlung für die Sportler bieten die nahegelegene Isar oder das Sommerbad *Maria Einsiedel*. Und zum Tierpark Hellabrunn ist's auch nur ein Katzensprung!

Alter Wirt Ramersdorf

Wenige Meter nur vom Ende der Salzburger Autobahn empfängt uns dieser überaus schattige Biergarten. Mal ehrlich, welcher Biergartenfan, wenn's denn kein Ramersdorfer ist, kennt den Alten Wirt?

Fast noch dörflich wirkt die Umgebung mit der Wallfahrtskirche (siehe Tipp), dem Ramersdorfer Maibaum und dem stattlichen Wirtshaus, schon seit 300 Jahren als „Pierzäpflerei" in Ramersdorfer Diensten.

Am Brotzeitstand unter dem dichten Blätterdach bestellt man sein Fleisch. Das Essen wird dann erst auf dem Holzkohlengrill zubereitet. Die Preise für Spare Ribs und die Ente sind relativ günstig.

Ein ganz und gar angenehmer Biergarten, gerade recht als Ausklang nach einem Ausflug zum Tegernsee oder auf den Wendelstein.

Augustiner-Bräu München
gegründet 1328

81669 München-Ramersdorf · Aribonenstraße 8
Tel. 6 89 18 62 · www.alterwirt-muenchen.de

Wann
Mo - Sa 16 - 23 Uhr
So ab 14 Uhr

MVV
U 2 Karl-Preis-Platz
Bus 55/155 Ramersdorf

Rad
3 km Hofbräukeller (34)
2,5 km Michaeligarten (94)
3 km Paulaner am Nockherberg (30)

Parken
P vorm Haus und und auf der Straße

Sitzplätze
400; im SB-Bereich durchweg Holzgarnituren

Essen
Frisch zubereitetes Fleisch

Kinder
Kleiner Spielplatz mit Schaukel, gut einsehbar

Plus
Uriger und günstiger Nachbarschaftsbiergarten

Fazit
Ziemlich unbekannte Dorf-Schönheit

92 Unser Tipp:

Wallfahrt in München
Es muß ja nicht immer Andechs sein, will man den Herrgott um den Erhalt von Hopfen und Malz bitten: Gleich neben dem Alten Wirt steht die Kirche *Maria Ramersdorf*, bis heute das Ziel von Marienwallfahrten. Die jetzige Kirche stammt aus dem 15. Jahrhundert, doch wurde der Vorgängerbau schon im Jahr 1006 erwähnt und ist damit neben Altötting das älteste Wallfahrtsziel Bayerns.

Michaeligarten

Schön schattig ist der mittlerweile über dreißig Jahre alte Biergarten im Münchner Ostpark. Und gerade hat er eine Frischekur erhalten. Die Biergartenküche und -schänke sind in den südlicheren Teil des Biergartens gezogen und haben ein nagelneues Dach über den Kopf bekommen. Der Biergarten wirkt nun aufgeräumter und die „Versorgungsstation" hell und freundlich. Die Bierbänke reichen natürlich immer noch bis zur Wasserkante und während man schon fast die Füsse in den Ostparksee taucht, kann man in aller Bierruhe den Enten und Schwänen zusehen.

Wer die Verbotsschilder übersieht, kann gleich baden gehen. Wer sie trotzdem sieht, muss ins nahe Michaelibad ausweichen.

Vor allem am Wochenende geht es hier geruhsam zu, niemand ist in Eile. Hier stören auch keine miesepetrigen Nachbarn die bayerische Biergartenruhe und so darf man hier an warmen Abenden lange hockenbleiben, auch wenn die Schänke schon zu hat.

Noch was: Manchmal findet man den Michaeligarten schon an warmen Februar-Wochenenden geöffnet und von Frühjahr bis Herbst gibt es regelmäßig Live-Musik.

LÖWENBRÄU

81735 München-Neuperlach · Feichtstraße 10 (im Ostpark)
Tel. 43 55 24 16 · www.michaeligarten.de

Wann
Bei schönem Wetter täglich ab 10 Uhr. Schankschluss ca. 22 Uhr

MVV
U 5 Michaelibad, Bus 195/199

Rad
Viele Radwege von Haidhausen/Giesing über Heinrich-Wieland-Straße; 2,5 km Alter Wirt (92) 5 km Leiberheim (98)

Parken
Großer P an der Feichtstraße, bei Badewetter oft voll

Sitzplätze
2400

Essen
Sehr große Auswahl; wechselnde Tagesgerichte; auch „leichte Kost" wie verschiedene Salate und Brotaufstriche

Kinder
Großer schöner Spielplatz, gut einsehbar, umzäunt

Plus
Ruhige Lage am See, im Park

Fazit
Großer Ausflugsbiergarten mit Wasseranschluss

94 Unser Tipp:

Sonne, Wasser, Biergarten
Am Wochenende sind Park und das städtische Michaelibad oft ebenso überfüllt wie die Parkplätze, drum empfehlen wir zum Wasser- oder Sonnenbad die frühen Abende unter der Woche, wenn Bad und Park deutlich weniger voll sind. Egal, ob man im Becken plantscht oder auf den Liegewiesen röstet, Durscht und Hunger stellen sich garantiert ein. Der Biergarten um die Ecke bietet für jeden Geschmack etwas!

Franziskaner-Garten

Ein Klassiker in einer behäbigen Wohngegend weit im Münchner Osten, groß und wunderbar schattig. Aus Versehen kommt hier kein Mensch vorbei, vorsätzlich dagegen umso mehr. Der Biergarten zieht sich um das schmucke Wirtshaus herum und so finden sich ganz nach Gusto auch immer genug sonnige oder halbschattige Plätze.

Dass hier niemand darben muss, dafür sorgt schon die Brotzeitstraße mit ihrer phänomenalen Auswahl. Die ist einfach eine Schau. Wie wär's mit Eisheiligen im Hochsommer? Feiern lässt sich hier auch famos – in der biergarteneigenen Almhütte für bis zu 25 Personen. Auf geht's zum Almauftrieb!

81827 München · Friedenspromenade 45
Tel. 4 30 09 96 · www.franziskanergarten.de

Wann
Täglich 11 - 23 Uhr

MVV
S 4, U 2 Trudering
Bus 192/195 Vogesenstraße

Rad
3,5 km Michaeligarten (94)
4,5 km Leiberheim (98)

Parken
P am Biergarten

Sitzplätze
2000; durchweg Holz

Essen
Große Auswahl; Steckerlfisch aus vier verschiedenen Fischarten (werktags ab 16 Uhr, Sonn- und Feiertag ab 12; Mittagsangebot

Kinder
Spielplatz gut einsehbar, Hüpfburg (Eintritt frei)

Plus
Schöner, großer Garten

Fazit
Der Klassiker im Münchner Osten

96 Unser Tipp:

Das Spofacke
Sonntags heißt es im Franziskanergarten Spofacke-Essen. Das lockt die Gäste aus Deutschland, weil es schon so dermaßen exotisch klingt, und die Bayern ebenso, weil's halt dermaßen gut schmeckt. Also, liebe Gäste aus dem befreundeten Deutschland und sonstige Fernreisende: Das Spofacke ist kein Wolpertinger nicht, es lebt ganz real, wenn auch nicht lange. Schon gar nicht sonntags im Franziskaner. Da steckt es nämlich auf dem Spieß. Hingehen, bestellen, genießen!

Leiberheim

Viele Jahre lag das Leiberheim im Dornröschenschlaf. Seit ein paar Jahren ist aus dem altbackenen Biergarten ein wahres Schmuckstück geworden. Das gefällt den Großen, aber auch die Kleinen dürfen sich freuen über den großen Abenteuerspielplatz. Frisch und blitzsauber ist alles, nur das süffige Erhartinger schmeckt wie eh und je. Ein Besuch lohnt also in jedem Fall, vielleicht auch zu einem der Sommer- und Familienfeste. Infos über Veranstaltungen siehe Homepage und Aushänge im Biergarten.

Übrigens: Benannt ist das Leiberheim nach dem bayerischen Leibregiment des ersten Weltkriegs. *Eduard Ordnung*, einer der Leiber, war der Gründer dieses Biergartens. Heute ist hier die Spielstätte des Waldperlacher Volkstheaters.

Am ersten Schultag ist im Restaurant für die ABC-Schützen ein Essen frei und es gibt was in die Schultüte. Vom Papa seinem Bier dürft's Ihr auch mal probiern. Wir haben's euch erlaubt.

BRAUEREI ERHARTING
ERHARTING

81739 München-Waldperlach · Nixenweg 9
Tel. 4 30 00 00 · www.leiberheim.de

Wann
offen „ab 18 Grad Celsius“ Mai bis Ende September So und Feiertag ab 11 Uhr April, Oktober: Mo - Sa 14 - 22 Uhr, So und Feiertags ab 10 Uhr (siehe auch Homepage unter „Öffnungszeiten“)

MVV
S 1 Neubiberg,
Bus 55 Waldperlach

Rad
4,5 km Franziskanergarten (96)
5 km Michaeligarten (94)
2 km Ayinger Ottobrunn (100)

Parken
Großer P am Haus

Sitzplätze
2500; fast durchweg Holz

Essen
Gute Auswahl in den großen Brotzeithütten; Salatbar; Steckerlfisch; Spanferkel fast jeden Abend ab 18.30

Kinder
Großer Abenteuer-Spielplatz, gut einsehbar

Plus
Ruhige Lage, bodenständiges Publikum, großer Spielplatz

Fazit
Schöner und großer Traditionsgarten

98 Unser Tipp:

Tarzan & Schopenhauer
Kinder machen hier gern auf Schopenhauer und zwar im Schopenhauer-Wäldchen von Neubiberg, gleich neben dem Biergarten. Einen großen Abenteuerspielplatz samt Tarzanbahn gibt es sowie einen Naturlehrpfad. Danach schmeckt die Brotzeit im Biergarten den Kleinen garantiert noch besser – und den Großen doch wohl auch?

Ayinger Ottobrunn

Das Bürgerhaus im Herzen der Gemeinde Ottobrunn wurde nach dem deutsch-italienischen Komponisten *Wolf-Ferrari-Haus* benannt. Es beherbergt das Rathaus, ein Kino sowie ein eher schickes Restaurant mit Terrasse und einer großen Biergartenfläche, die im Sommer gern von den Einheimischen besucht wird.

Münchnern ist dieser Biergarten weniger bekannt. Das heißt aber nicht, dass man an warmen Sommerabenden dort trotz der vielen Tische unter den Bäumen oder Sonnenschirmen immer gleich einen freien Platz findet. Es gibt außer dem normalen Essensangebot auch Spezialitäten wie Holzfällersteak. Eine Besonderheit für alle, die keine Zeit, Lust oder Idee haben: einen gut gefüllten Picknickkorb mit Tischdecke, Besteck, Teller – und natürlich Brotzeit nach Wahl. Dabei stehen zur Wahl: Familien-Jause, Burschen- oder Dirndl-Brotzeit und auch ein „Kinderbecher" gefüllt mit Frischkäse, Gemüsesticks und Breze, Melone und so weiter. Dazu passt auch die Aktion für ABC-Schützen: Am ersten Schultag „schnitzelfrei".

85521 Ottobrunn · Rathausplatz 2
Tel. 74 74 74 05 · www.ayinger-ottobrunn.de

Wann
Täglich von Mo - Fr 15 - 22 Uhr, Wochenende ab 11 Uhr

MVV
U3 Neuperlach-Süd, S7 Neuperlach-Süd. Von dort mit Bus 210 nach Ottobrunn, Ortsmitte
Alternativ: Von Unterhaching mit Bus 221 nach Ottobrunn, Rathausstr.

Rad
5,5 km Leiberheim (98)
5 km Rothmeyer's zur Einkehr (102)

Parken
Kostenlos in der Tiefgarage Wolf-Ferrari-Haus und auf den Straßen ums Rathaus

Sitzplätze
700

Essen
Normales Biergartenangebot, Holzfällersteaks, Picknick-Korb, Kinderbecher

Kinder
Neuer Spielplatz, gut einsehbar

Plus
Großer Biergarten mit witzigen Angeboten

Minus
Wenig Natur ringsum

Fazit
Nette Sommerfrische im Ortszentrum

100 Unser Tipp:

Für Leib & Seele
Nach der Befriedigung unaufschiebbarer Biergarten-Bedürfnisse vielleicht noch weitere Anregungen für Herz und Geist gefällig? Nichts einfacher als das im Kino nebenan oder bei einer der Ausstellungen, Theaterstücke und Konzerte im *Wolf-Ferrari-Haus*:
www.kino-ottobrunn.de,
www.ottobrunn.de/Kultur undFreizeit/

Rothmeyer's Zur Einkehr

Entspannte Dorfatmosphäre im Weiler Solalinden vor den Toren Münchens. Hier treffen sich die Bodenständigen des Speckgürtels – wenn sie den Weg nach Solalinden finden, was nicht jedem vergönnt ist.

Die Einkehr ist halb Biergarten, halb Wirtsgarten – die Trennungslinie ist an den Schirmen und Kastanien leicht abzulesen. Wir setzen uns an die Biertische in den natürlichen Schatten der Kastanien. Wer sich lieber bedienen lassen will, muss zur Strafe unter den Schirmen schwitzen. Zwar ist die Küche des Gasthauses vielgerühmt, doch das bleibt uns immer noch für den Winter. Die Essensbude liefert vornehmlich kalte Brotzeiten. Man kann jedoch auch im Wirtshaus bestellen und kriegt dann an den Biertisch geliefert. Der Blick über die Felder und Wiesen ist leider vom Parkplatz beeinträchtigt.

Ansonsten ist die Einkehr ideale Raststation am Radweg vom *Leiberheim* (98) zum Gut Keferloh.

85460 Putzbrunn/Solalinden · Keferloher Marktstraße 30
Tel. 32 70 84 50 · www.zur-einkehr-solalinden.de

Wann
Mo - Fr 11 - 23 Uhr
Sa, So Feiertag 10 – 23 Uhr

MVV
Bus 211, Solalinden, Andreas-Wagner Str.

Rad
3,5 km Leiberheim (98)

Parken
P direkt am Biergarten

Sitzplätze
280; durchweg Holzgarnituren

Essen
Im SB-Teil meist kalte Brotzeiten, ansonsten drinnen bestellen

Kinder
Kleiner Spielplatz direkt im Biergarten

Plus
Ländliches Flair

Minus
Zugeparkte Aussicht

Fazit
Fast vergessenes Idyll im Südosten Münchens

102 Unser Tipp:

Bermuda-Dreieck
Mit dem *Leiberheim* (98) und dem *Franziskanergarten* (96) in der Nähe hat man die Möglichkeit, an einem Nachmittag in drei Biergärten unterzutauchen, zwei großen und einem kleinen. Da lacht das Herz, hier, im Bermuda-Dreieck von München-Ost.

Heimstettener See

Der kleine Badesee mit angeschlossenem Biergarten liegt näher an Feldkirchen als an Heimstetten und unweit des Münchner Autobahnrings. Für die Umgebung ist der Biergarten wirklich gut geraten, mit einem richtigen Kastaniendach und fest installierten Holzbänken. Diese Vorzüge bieten nicht viele der Biergärten, die hauptsächlich für Sonnen- und Wasserbader eingerichtet sind.

Offenbar haben aber Badegäste ein notorisch weitgefasstes Verständnis von Mein und Dein, versucht doch auch hier der Wirt mittels Pfand der drohenden Maß-Nahme abzuhelfen.

85609 Aschheim · Seestraße 40
Tel. 9 03 16 97 · www.heimstettenersee.de

Wann
Täglich 9 Uhr bis open end (bei schönem Wetter)

MVV
S 2 Feldkirchen, dann ca. 15 Min. zu Fuß

Rad
Rad/Fußweg um den ganzen See;
9 km Rothmeyer's zur Einkehr (102)

Parken
Großer P, Gebühr 2,-
Motorräder 1,50

Sitzplätze
500; meist fest installierte Holztische

Essen
Gute Auswahl; Steak, Steckerlfisch oder wie wär's mal mit Kaiserschmarrn?

Kinder
Badegelände, Spielplatz 50 m weiter, Tischtennis

Plus
Liegewiese, See, sehr schattig

Minus
Pfand auf Krüge und Teller

Fazit
Erholung vom Sonnenbaden

104 Unser Tipp:

Nass & Maß
Ein gefälliges Badegelände ist hier entstanden: Die Wiesen fallen zum See hin ab und ermöglichen so die Auswahl des idealen Anstellwinkels zur Sonne – wichtig für den optimalen Bräunungskoeffizienten. Aber auch eine schattige Siesta ist überall am See möglich, Bäume stehen nicht nur im Biergarten. Gerade das richtige also für einen faulen Nachmittag.

Zur Mühle Ismaning

Eine Traditionswirtschaft am rauschenden Mühlbach und direkt an Ismanings Piazza mit dem imposanten Maibaum des Ismaninger Burschenvereins.

Seit 1894 wird die Mühle von der Wirtsfamilie *Seidl* geführt, inzwischen in vierter Generation. Jeder der Wirte hieß *Anton Seidl* und, wen wundert's, der nächste Stammhalter ist auch schon auf der Welt – ein *Anton*, versteht sich! Das Wirtshaus mit dem typischen Schopfwalmdach steht übrigens seit 1840.

Stellen Sie sich einen typischen Wirtsgarten vor, mit hundertjährigen Kastanien, mitten im Ort und mit Bedienung an gedeckten Tischen, der im Zuge der Modernisierung zum „Vollbiergarten" ausgebaut wurde. Die Lage am neu gestylten Kirchplatz von Ismaning verheißt durchaus italienisches Ambiente – wenn der Platz belebt ist, was freilich nicht immer der Fall ist.

85737 Ismaning · Kirchplatz 5
Tel. 96 09 30 · www.hotel-muehle.de

Wann
Täglich 11 - 23 Uhr

MVV
S 8 Ismaning, Bus 230/231/531

Rad
1 km vom Isar-Radweg

Parken
Ausreichend ringsum

Sitzplätze
600; durchweg Holzgarnituren

Essen
Resche Haxn, ausgezeichneter Obatzda; günstige Preise

Kinder
Kein Spielplatz, aber der Park liegt nebenan

Plus
Ruhige Lage am Mühlbach

Minus
Kein Spielplatz im Biergarten

Fazit
Alt ist das Wirtshaus – modern die Schänke

106 Unser Tipp:

Pavillon im Park
Vom Biergarten über die Hauptstraße liegt im Park das Ismaninger Schloss, im 18. Jahrhundert ein Brennpunkt des Geisteslebens. Besonderes Kleinod: der Pavillon, ein Frühwerk von *François Cuvilliés*, dem späteren kurbayerischen Hofbaumeister. Bestechend ist die Ähnlichkeit des Pavillons mit *Cuvilliés'* Meisterleistung, der Amalienburg im Park von Nymphenburg. Näheres zum Ismaninger Schloss erfahren Sie in der Bücherei im Schlosspark.

Mühlenpark Garching

1975 wurde die Freizeitanlage Mühlenpark an der Stelle einer alten Mühle errichtet. Der Biergarten freilich sieht aus, als wäre er viel älter. Das alte Mühlrad dreht sich noch im Mühlbach nebenan, „Stromschnellen" rauschen ein paar Meter weiter. Wer einmal im gut versteckten Innenhof mit seinen überdachten Veranden und durchweg fest installierten Holzbänken sitzt, genießt das Wasserrauschen und die überaus günstigen Preise für Bier und Brotzeit.

Von der sonst häufigen Künstlichkeit eines Freizeitparks ist nichts zu spüren, im Gegenteil, es geht richtig urig zu! Wer den Biergarten über die Mühlgasse ansteuert staunt erst mal. Denn die vermeintliche Gasse entpuppt sich als veritable Linden-Allee! Gepflanzt hat die Schattenspender *Martin Seeanner*, Pfarrer in Garching von 1891 bis 1906. Nach einem halben Kilometer empfängt uns dann der Biergarten.

85748 Garching · Mühlgasse 48

Tel. 3 20 49 75 · www.biergarten-muehlenpark.de

Wann
Täglich 10 - 22.30 Uhr

MVV
U 6 Garching, Bus 290
Mühlgasse

Rad
1 km vom Isar-Radweg;
Radweg am Schleißheimer
Kanal 8,5 km nach Oberschleißheim

Parken
Großer P Mühlenpark 500 m
entfernt, beim Gymnasium

Sitzplätze
650; durchweg fest installierte
Holztische

Essen
Einfache kalte und warme
Brotzeiten, Steckerlfisch
Donnerstags Spare Ribs,
Mo - Fr Mittagsgerichte

Kinder
Spielplatz auf der anderen
Seite des Bachs, kaum
einsehbar

Plus
Schöne Lage am Mühlbach;
preiswert, kein Schnickschnack

Minus
Nicht einfach zu finden für
Ortsunkundige

Fazit
Uriger Biergarten mit
ebensolchem Publikum

108 Unser Tipp:

Go-Kart-Rennen
Besser vor dem Biergarten empfehlen wir den Geschwindigkeitsrausch auf der Go-Kart-Bahn in Garching/Hochbrück, am Ende der Robert-Bosch-Straße. Unter der Woche können wir den künftigen Profis zuschauen, wir Freizeit-Piloten dürfen ebenfalls täglich von 10 Uhr bis zur Dunkelheit an den Start. An Körpergröße sind mindestens 135 cm mitzubringen.
Für schlappe 15 € pro 15 Minuten (am Wochenende 20 €) kann man sich dann Rennvergnügen à la Formel 1 leisten.

Bergl

Das Bergl ist ein versteckter Biergarten in Oberschleißheim. Fast nur Einheimische finden das idyllische Platzerl mitten im Wald.

Zu Ehren des Begründers des Jesuitenordens erbaute der bayrische *Herzog Wilhelm V.* im Jahr 1600 die Ignatius-Klause, 1803 öffnete in der ehemaligen Klause der Bierausschank *Zum Kalvarienberg* – daher also der Name Bergl. 1884 übernahm *Franz-Xaver Söllner*, der Urgroßvater der heutigen Wirtin, das schon damals gut eingeführte Wirtshaus Bergl. Dieser Biergarten gefiel dem Uropa besser als die *Menterschwaige* (86), die ihm zuvor gehörte.

Im Lokal hängen Bilder aus längst vergangenen Tagen, die das Bergl noch als einen Riesenbiergarten zeigen und nicht in der arg gestutzten Form unserer Tage.

Immer noch macht das Bergl im August drei Wochen Betriebsurlaub.

85764 Oberschleißheim · Bergl 1

Tel. 3 15 01 05 · www.hacker-pschorr.de/waldrestaurant-bergl

Wann
Täglich 11 - 20 Uhr
Ruhetage Mi, Do
im August 3 Wochen
Betriebsurlaub

MVV
S 1 Oberschleißheim
Bus 292 bis Kindergarten

Rad
1,7 km Schloss Oberschleißheim (110)
3 km Landgasthof Alter Wirt (160)

Parken
Großer P vorhanden

Sitzplätze
350; meist Holzgarnituren

Essen
Spezialität: hausgemachte Bratensülze und eigener Presssack, Wammerl mit Kartoffelsalat

Kinder
Kein Spielplatz, aber viel Natur ringsrum samt Pferdekoppel und Bach

Plus
Lage im Wald; reiner Familienbetrieb, preiswert

Minus
Autos parken nur einen Schritt vom Biertisch; Betriebsferien im August

Fazit
Die rustikale Alternative zu Klein-Versailles

110 Unser Tipp:

Auf in die Flugwerft
Die Flugwerft Schleißheim auf einem der ältesten deutschen Flugplätze ist eine Außenstelle des *Deutschen Museums. Otto von Lilienthals* Flugapparate reihen sich neben Wehrmachtsbomber, US-Kampfjets, Senkrechtstarter, Hubschrauber, der ersten Stufe der Europa-I-Rakete und dem muskelkraftgetriebenen Musculair. Effnerstr. 18, Oberschleißheim, Tel. 31 57 14 10, offen täglich 9 - 17 Uhr. Eintritt 6,00 €, ermäßigt 3,00 €.

Paulaner Seegarten

Der Seegarten liegt im Erholungsgebiet Karlsfelder See. Dort warten eine große Liegewiese und, für Unerschrockene, die große Seeumrahmung. Bis 1968 nutzten amerikanische Truppen den Baggersee samt Umgebung als Übungsgelände für Schwimmpanzer. Danach entstand aus der Mondlandschaft das heutige Erholungsgelände. Ob noch ein paar Panzer tief drunten im See rosten? Was die GI's jedenfalls schmerzlich vermissten: Den Biergarten.

Der vordere Teil des Gartens bietet Biertische mit schönem Blick auf See und Liegewiese. Da kehrt man doch gerne in der Abendsonne ein, nach dem Bad im Karlsfelder See, und genießt die ziemlich günstige Maß.

PAULANER
Feinste Münchner Braukunst seit 1634

85757 Karlsfeld · Hochstr 71

Tel. (08131) 3 90 94 20 · www.paulaner-seegarten.de

Wann
Täglich 9 - 23 Uhr

MVV
S2 bis Karlsfeld, Bus 701 (nur wochentags) bis Haltestelle „Hallenbad"

Rad
Würmtalradweg (beschildert ab Pasing) bis Abzweigung in Karlsfeld oder Feldmochinger See über Regatta-Badesee

Parken
Sehr großer P (natürlich in erster Linie für Seebesucher ca. 1900 Plätze), außerdem noch Parkmöglichkeiten auf der Zufahrtsstr. (Hochstr.)

Sitzplätze
Im vorderen Teil am See 450 bis 600, im hinteren Teil (Kastaniengarten) 650

Essen
Normale Auswahl

Kinder
Größerer Spielplatz am See, aber nicht unmittelbar einsichtig. Kleiner Spielplatz im hinteren Teil

Plus
Beschauliche Lage am See

Minus
Viel Ausflugsbetrieb an schönen Wochenenden

Fazit
Familienfreundlicher Ausflugsbiergarten

112 Unser Tipp:

Bergwanderung
Im Ausflugsgebiet gibt es Kinderspielplätze, Beachvolleyball-Felder, einen Fußballplatz, drei Sommerstockbahnen, zwei Dutzend Tischtennisplatten. Im angrenzenden Sportpark: Eine Skateanlage für Inlineskater, Skate- und Snakeboarder und BMX-Fahrer. Neben dem großen Badesee wurden ein Feuchtbiotop angelegt sowie ein kurzer Naturlehrpfad mit beschrifteten Bäumen. Dazu kommen ein 5 Kilometer langer Rundwanderweg und ein 15 Meter hoher Aussichtsberg.

Schießstätte Allach

Ein schöner, unauffälliger Biergarten unter alten Kastanien nahe der Würm. Vor einigen Jahren noch ein behäbiger Wirtsgarten der „königlich privilegierten Feuerschützengesellschaft“, hat die Brauerei Kaltenberg endlich auf Biergartenbetrieb umgestellt und das bekommt der Schießstätte gut.

Voll wird es hier selten, es bleibt also genug Platz für alle. Und weil der Laden nicht immer brummt, ist auch die Selbstbedienung nicht immer offen – die Bedienung bringt dann Nachschub von drinnen. Die Servicefenster teilen sich Bedienungen und Selbstabholer. Da erwischen wir dann schon mal einen ofenfrischen Schweinsbraten zur Maß Kaltenberg Dunkel. Zum Gasthof selbst gehört noch eine Wiese, auf der die Kinder herumtollen können. Ein paar Schritte flussaufwärts liegt eine nette Grünanlage an der Würm, bestens geeignet zum Sonnenbaden, Fuß- oder Federball.

Die vielen Radler, die der Würm von Pasing bis Dachau folgen, finden hier erfrischende Rast.

Kaltenberg
BIER VON KÖNIGLICHER HOHEIT

80999 München-Allach · Servetstr. 1
Tel. 18 92 29 13 · www.schiessstaette-allach.de

Wann
Im Sommer täglich 11 - ca. 22/23 Uhr. Ab Herbst Montag Ruhetag

MVV
S 2 Allach
Bus 164, Servetstraße

Rad
Von Dachau bis Pasing fast durchgehende Radroute an der Würm entlang
2 km Insel-Mühle (60)
4 km Langwieder See (116)

Parken
Meist ausreichender P im Hof

Sitzplätze
500; durchweg fest installierte Tische

Essen
Übliche Auswahl und diverse Tagesangebote; wenn SB geschlossen, bringt die Bedienung Essen

Kinder
Spielplatz im Garten, gut einsehbar. Größerer Spielplatz 50 m vom Biergarten an der Würm

Plus
Ruhige Lage, nahe Radroute

Minus
Buden nicht immer offen

Fazit
Ruhige Einkehr an der Würm

114 Unser Tipp:

Flusstour
An der Würm entlang zieht sich von Gräfelfing bis Dachau eine fast durchgehende Radroute. Die Route beginnt am *Lochhamer's* (120). Von dort geht es durch den Stadtpark über Blutenburg, *Insel-Mühle* (60) und Schießstätte bis hinauf auf den Dachauer Schlossberg.

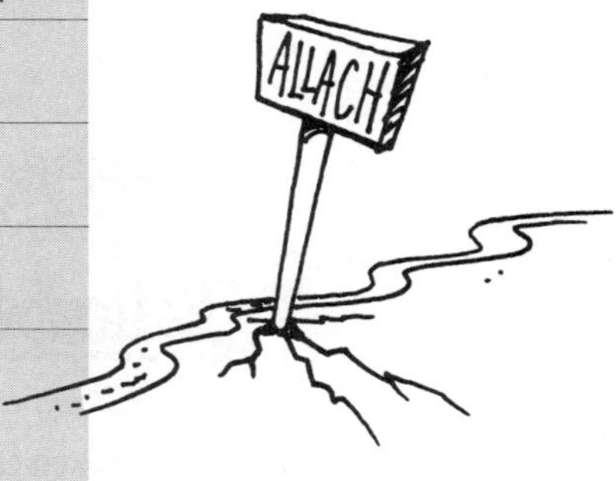

Langwieder See

Direkt am Ufer des Langwieder Sees und damit ganz in der Nähe der Stuttgarter Autobahn liegt dieser große, noch relativ neue Biergarten. Im weiten Rund des Gartens verlieren sich ein paar Bäumchen. Anständigen Schatten von halbstarken Bäumen gibt es erst direkt am Seeufer. Dort liegen auch die schönsten und beliebtesten Tische. Vor allem abends, wenn die tief stehende Sonne über den See hereinscheint und ein paar späte Schwimmer ihre Bahnen ziehen, ist es ein ganz famoses Platzerl. Direkt vom Biergartentisch kann man ins Wasser tauchen. Diese Handvoll Tische am Ufer ist leider rasch belegt; Ausweichplatz gibt es weiter hinten im Biergarten genug.

Der Langwieder See ist nicht die einzige Attraktion: Das Freizeit- und Badegelände am neu angelegten *Luss-See* liegt nur zwei Gehminuten vom Biergarten entfernt. Deshalb gilt hier auch ein Dress-Code: Badekleidung ist im Biergarten tabu.

81249 München-Langwied

Kreuzkapellenstraße 89 · Tel. 86 48 60

www.hotel-langwieder-see.de

Wann
Täglich 11.30 - 21, max. 21.30 Uhr (bei Badewetter)

Rad
5 km Insel-Mühle (60)

Parken
Ausreichend, für Biergartengäste frei, aber zur Badesaison öfter voll

Sitzplätze
800; durchweg fest installierte Holztische

Essen
Übliche Auswahl: z. B. griechische Vorspeisen, hausgemachte Tellersülze, „Texas-Grüße" wie Ofenkartoffel, Chicken Wings

Kinder
Großer Spielplatz, einsehbar, im hinteren Teil des Biergartens

Plus
Lage am See, durchweg fest installierte Holztische

Minus
Wenig Schatten

Fazit
Moderner Seegarten mit schönem Blick

116 Unser Tipp:

Autobahn-Raststätte
Aus dem Schwabenlande glücklich heimgekehrt, finden wir See und Biergarten nur wenige hundert Meter von der Ausfahrt Langwied der Stuttgarter Autobahn. Etwas Kühlung kann nach langer Autofahrt schließlich nicht schaden. Das weitläufige Badegelände (Parkplatzgebühr) ist die Attraktion für alle Wasserratten im Münchner Westen.

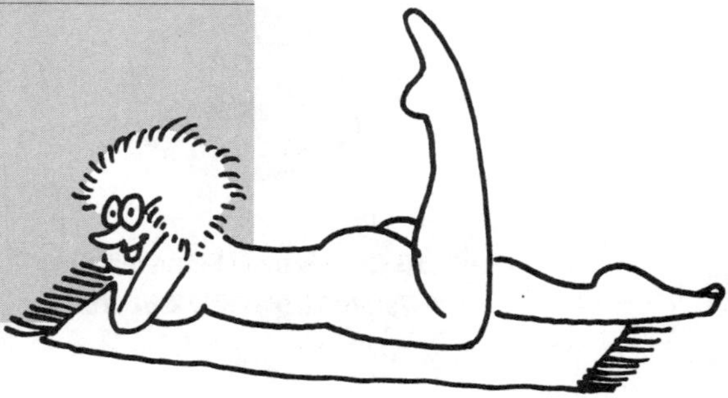

Schusterhäusl Germering

In den letzten Jahren trafen wir des öfteren auf ein leerstehendes Gebäude. Wir hatten die Hoffnung schon aufgegeben, dass dieser idyllisch im Wald gelegene frühere Biergarten je wieder ein solcher wird. Doch haben sich zu unserer freudigen Überraschung inzwischen tatsächlich zwei Wirtsleut' entschlossen, alles zu renovieren und im Sommer 2014 wieder einen gemütlichen, übersichtlichen Biergartenbetrieb aufzunehmen. Es herrscht kein Massenbetrieb, man sitzt unter roten Sonnenschirmen, die gut mit dem Grün der Bäume harmonieren. Mit etwas Glück können wir am Wochenende spontaner „Stubnmusi" im Garten lauschen, wenn sich dort einige Musiker zusammensetzen und „bayrisch" aufspielen – Mitmusikanten mit ähnlichen Vorlieben sind jederzeit willkommen. Außerdem gibt's am Sonntag oder auf Vorbestellung manchmal Weißwurstfrühstück.

Der Name des Schusterhäusls stammt vom Großvater des heutigen Besitzers, der, na klar, Schuster war.

82110 Germering · Schusterhäusl 1
Tel. (08176) 30 72 66 70

Wann
Di - So 11 - 23 Uhr oder auch später, wenn noch Durschtige rumsitzen, Mo allerdings erst ab 16 Uhr

MVV
S8 nach Germering – vom Bahnhof ca. 3 km

Rad
9 km Fürstenfelder (168), 10 km Brauhaus Bruck (166)

Parken
Großer P

Sitzplätze
800, bei Bedarf werden weitere Bänke aufgestellt

Essen
Übliche Auswahl – Spezialitäten: Besonders guter Obatzda, Steckerlfisch wochentags ab 16 Uhr, Sonn- und feiertags ab 12 Uhr

Kinder
Kleiner Spielplatz mit Trampolin und Sandkasten

Plus
Ruhige, idyllische Lage, keine Massenabfertigung

Minus
Schwer mit öffentlichen Verkehrsmitteln erreichbar

Fazit
Ein Lichtblick für die Biergarten-wüste Germering

118 Unser Tipp:

Baden im Germeringer See

Zwei Kilometer vom Schusterhäusl lädt der Germeringer Baggersee zum Baden – ein hübsches Freizeitgelände als Zentrum der Sommerfreuden in der größten Stadt des Landkreises FFB. Ausserdem bietet das Schusterhäusl führerscheinfreundliche Übernachtungsmöglichkeiten (bayrisch: Fremdenzimmer), falls das Bier mal zu gut geschmeckt hat.
Ab Oktober öffnet im Schusterhäusl Cobblers Irish Pub – dort kann man an Dart-Turnieren teilnehmen (s. www.cobblers.de)

Lochhamer's

Einen schattigen und nicht zu großen Biergarten gleich an der Würm bietet das Lochhamer's, das viele noch unter seinem früheren Namen *Lochhamer Einkehr* kennen. Leider liegt der Biergarten auch nah an der Straße. Darüber können wir aber hinwegsehen, denn so nah am vorbeimurmelnden Fluss wie hier sitzt man sonst kaum je. Das Wasser erfreut das Auge und die Modelleisenbahn im Biergarten das Kind in uns. Abends scheint nur wenig Sonne herein, das Wirtshaus steht den wärmenden Strahlen im Weg. Das Lochhamer's ist insgesamt ein preiswerter Biergarten.

Wem nach der dritten Maß die Füße schwer werden, der kann sich im nahen Stadtpark ablegen. Direkt hinter dem Lochhamer's führt eine Fußgängerbrücke in den Park.

Kleine Besonderheit: Die Würm treibt über ein Wasserrad den Hendlgrill an. Der wird dann gelegentlich in Betrieb genommen.

82166 Gräfelfing · Lochhamer Straße 4
Tel. 85 48 46 51 · www.lochhamers.de

Wann
Täglich 10 - 23 Uhr

MVV
S 6 Lochham
Bus 161 Pasing

Rad
Schöner Radweg durch den Stadtpark immer entlang der Würm;
3 km Waldheim, Gräfelfing (122)
3 km Prinzregent Garten (64)
3 km Pe.Es. (124)

Parken
Kleiner P hinterm Haus, meist voll, evtl. gegenüber am Kirchlein

Sitzplätze
500; durchweg Holztische

Essen
übliche Auswahl zu günstigen Preisen, am Wochenende Steckerlfisch vom Holzkohlengrill

Kinder
Spielplatz, gut einsehbar

Plus
Direkt an der Würm, schöne Bäume; sonntags Live-Musik

Minus
Straßenlärm

Fazit
Schattige Rast am Fluss- und Straßenrand

120 Unser Tipp:

Biergarten-Springen
Der Pasinger Stadtpark mit seinen uralten Bäumen zieht sich der Würm entlang nach Gräfelfing. Vom Pasinger Krankenhaus am Flußufer meist schattig bis zur Lindauer Autobahn. Eine Brücke bringt uns zum Hintereingang des Lochhamer's. Vom *Prinzregent Garten* (64) erreichen wir den Stadtpark über die Weinbergerstraße (Radweg). Zum Biergarten *Pe.Es.* (124) an der Würm gibt es leider keinen durchgängigen Radweg.

Waldheim

Das Waldheim des *„Evangelischen Handwerkervereins von 1848“* ist, nicht weitersagen, ein Geheimtipp. Einen solchen Biergarten finden Sie sonst nirgendwo mehr, so versteckt im Wald, so entspannt, so familienfreundlich mit dem Charme – und den Preisen – vergangener Zeiten.

Das Waldheim schätzen wir seit Jahrzehnten, doch war es früher nur ein halböffentlicher Biergarten, eher gedacht für Vereinsmitglieder, selbst wenn durstigen Katholiken regelmäßig kühler Trunk verabreicht wurde.

Die Historie merkt man im August noch, wenn die Stadt München hier Kinderfreizeiten veranstaltet. Logisch – wo sonst hat man soviel Platz im Biergarten? Eine riesige Wiese im umzäunten Bereich, ein großer Spielplatz, Tischtennisplatten, Sommerstockbahn. Und durch das Tor im Zaun geschritten tut sich eine riesige Waldlichtung auf, ideal für Kinder. Ein Idyll, in dem Familien einen ganzen entspannten Sommertag genießen können. Und: Hier backt noch Oma.

Den Wandel zum regulären Biergarten wollte ein Großgastronom aus dem nahen Planegg nicht dulden und intervenierte deshalb wegen der Öffnungszeiten (vielleicht war er nicht so evangelisch, sondern ein Heide). Nix hat's gnutzt und das ist gut so.

82166 Gräfelfing · Geigerstraße 33
Tel. 85 19 14 · www.ehv-muenchen.de

Wann
April - Sept/Okt
Di - Fr ab 14 Uhr bis open end
Sa ab 12 Uhr, So ab 10 Uhr
Montag Ruhetag

MVV
S 6 Gräfelfing, dann ca. 15 Min. zu Fuß – der Geigerstraße in den Wald hinein folgen

Rad
2 km Heide Volm (126)

Parken
Kleiner P vorm Eingang; Zufahrt über Geigerstraße durch das Waldstück für Gäste erlaubt

Sitzplätze
400; teils Tische, teils Garnituren

Essen
Sehr preiswerte Gerichte; warmes Essen wird frisch zubereitet und ausgerufen; Omas Kuchen

Kinder
Perfekt für Kinder: Großer Spielplatz, große Spielwiese, große Waldlichtung

Plus
Herrliche Lage, sehr günstige Preise, sehr kinderfreundlich

Minus
Am Wochenende manchmal Wartezeiten am Ausgabefenster

Fazit
Waldbiergarten und Sommerfrische wie vor langer, langer Zeit

122 Unser Tipp:

Night-Cache
Etwas ganz Besonderes für Geo-Cacher: Direkt am Waldheim führt ein Night-Cache vorbei – gute Taschenlampen sind also Pflicht, ein GPS-Gerät oder entsprechendes Smartphone hilfreich ebenso wie etwas Geocache-Erfahrung. Tagsüber kann man die Route nicht finden, weil nichts blinkt. Der Weg führt ca. 3 km durch den stockfinsteren Wald. Ein Traum für größere Kinder – ein Erwachsener sollte aber unbedingt dabei sein. Vom Ziel geht es bequem über den Wallfahrerweg zurück zum Biergarten. Näheres unter www.geocaching.com, die Route heißt Waldbrand in Gräfelfing.

Pe.Es. Kottmeier

Gambas im Biergarten? Kein Problem im Pe.Es., einem treffend benannten Biergarten direkt an der Würm mit reichlich Pferdestärken davor. Zwischen Wirtshaus und Fluss passt sich der Biergarten ein, mit Nadelbäumen am Ufer, mit Sonnenplätzchen in der Mitte und mit engem, aber klassischem Biergartenambiente an der großen Blockhütte – wie geschaffen für Genießer und Sitzenbleiber! Wenn nachmittags unter der Woche wenig los ist, bringt die Bedienung das Bier auch in den Selbstbedienungsteil.

Radfahrer findet man im Pe.Es. eher selten. Auch ist dies nicht der Biergarten, wo viele Leute ihre Brotzeit auspacken. Als Besonderheit gibt es das reichhaltige Angebot der Speisekarte frisch zubereitet auch für Selbstabholer – eine willkommene Abwechslung von der sonst üblichen Brotzeitauswahl. Ein Besuch in diesem schönen Biergarten lohnt sich in jedem Fall.

82152 Planegg
Bräuhausstraße 18 · Ecke Germeringer Straße
Tel. 89 93 00 30 · www.pe-es.de

Wann
Täglich 12 - 1 Uhr

MVV
S 6 Planegg
Bus 268 Germeringer Straße

Rad
Kein Radweg; 600 m Heide Volm (126), 1 km Alter Wirt (128), 1,5 km Kraillinger Brauerei (130), 3 km Lochhamer's (120)

Parken
Schwierig, evtl. auf der anderen Seite der Würm

Sitzplätze
500; meist Holzgarnituren

Essen
Reiche Auswahl auch von der Speisekarte: Steaks, Salate oder der preiswerte Gemüsespieß vom Grill

Kinder
Spielplatz Fehlanzeige!

Plus
Direkt am Fluss, Holzfässer, bis spät offen

Minus
Kein Spielplatz

Fazit
Schöner Biergarten mit PeEs-freudigen Gästen

124 Unser Tipp:

In memoriam Karl Valentin

Keine hundert Meter vom Biergarten, an der Ecke Germeringer/Georgenstraße, steht das kleine Häuschen, in dem Münchens bekanntester Komiker und Querdenker seine letzten Jahre verbrachte. Möglich, dass er damals in der Traditionswirtschaft Kottmeier seine berühmten Semmelnknödeln verspeiste. Aber das reichte nicht: Im Hungerwinter 1947/48 starb *Karl Valentin*. Auf dem örtlichen Friedhof zwischen der Münchener- und der Fürstenrieder-Straße finden Sie seinen Grabstein.

Heide Volm

Etwas Forscherdrang gehört schon dazu, um hinter der riesenhaften Betonburg der Großgaststätte noch einen Biergarten zu entdecken, einen selbsternannten „Traumbiergarten“ dazu, aber es gibt wirklich einen, wenn auch keinen allzu berauschenden.

Hier gibt es für jeden Geschmack und jedes Alter etwas: Bei gutem Wetter Musik (siehe www.heidevolm.de Biergartenkalender) und Barbetrieb, ein naturtrübes Kellerbier oder die überdachte Veranda für verregnete Sommerabende. Für Gäste mit schwach entwickelter Rückenmuskulatur ideal: Die Sitzbänke mit Rückenlehne. Und weil auch der Wastl einen Mordsdurscht hat, kriegt er Wasser aus dem Bierfass. Für Fahrräder gibt's eine Reparaturstation und gleich am Eingang empfängt uns ein alter Schlütertraktor.

82152 Planegg · Bahnhofstraße 51 (direkt am S-Bahnhof)
Tel. 8 57 20 29 · www.heidevolm.de

Wann
Täglich 10 - 23/24 Uhr

MVV
S 6 Planegg, Bus 260/265/266/268/856/906/967 Planegg Bahnhof

Rad
Radweg nach Germering;
600 m Pe.Es. (124)
1,2 km Kraillinger Brauerei (130)
2 km Waldheim, Gräfelfing (122)
4 km Forsthaus Kasten (132)

Parken
P am Haus, P & R am S-Bahnhof (Zufahrt Kreuzstraße)

Sitzplätze
1000; überwiegend Holzgarnituren

Essen
Gute, preiswerte Auswahl; Salatbar

Kinder
Großzügiger Spielplatz, gut einsehbar; Kettenkarussell gegen Bezahlung

Plus
Preiswertes Bier; gleich an der S-Bahn; auch bei unsicherem Wetter offen.

Minus
Betonburg, Kamera im SB

Fazit
Preiswerte Großgastronomie

126 Unser Tipp:

Maria Eich

Der altberühmte Wallfahrtsort Maria-Eich geht auf zwei Buben zurück, die Söhne des Planegger Schmieds: Sie hatten 1710 eine Marienstatue gefunden, die sie in einer hohlen Eiche aufstellten. Nachdem einige Mirakel geschehen waren, pilgerten die Gläubigen zum *„Frauerl in der Aichen“* und das ist bis heute so geblieben. Die alte Eiche traf der Blitz, der erhaltene Stamm ist hinter Glas zu sehen. Von Mai bis September finden hier auf der Waldlichtung Freiluftgottesdienste statt. Ein paar Minuten Fußweg bringen uns darauf zum Biergarten.

Alter Wirt

Der Alte Wirt ist ein schöner, gut 160 Jahre alter Traditionsgarten direkt an der Würm, der viele Jahre lang arg heruntergewirtschaftet war. Legendär sind die Geschichten über den alten Wirt vom alten Alten Wirt.

Seit ein paar Jahren hat die Augustiner-Brauerei Haus und Garten übernommen und sauber herausgeputzt.
Die sündige Meile *Kraillinger Brauerei – Pe.Es.* hat in ihrer Mitte durch den Alten Wirt würdigen Zuwachs bekommen.

Unter der Woche öffnen die Buden um 16 Uhr. Vorher kann man sich seine Maß an der Schänke im Wirtshaus holen. Von Montag bis Freitag holen wir uns von 15 bis 17 Uhr eine Maß „happy bier" zum Sonderpreis. Manchmal steigen Veranstaltungen, z.B. ein Country- und Westernfest oder eine Italienische Nacht.

J. W.
Augustiner-
Bräu München
gegründet 1328

82152 Krailling · Margaretenstraße 31
Tel. 89 19 84 44 · www.alterwirtkrailling.de

Wann
Mo - Fr 16 - 23 Uhr
Sa/So ab 10 Uhr

MVV
S 6 Planegg
weiter mit Bus 967
Margaretenstraße

Rad
Kein Radweg
0,5 Kraillinger Brauerei (130)
1 km Pe.Es (124)
3 km Forsthaus Kasten (132)

Parken
Auf der Straße; abends und am Wochenende schwierig

Sitzplätze
500; durchweg Holztische

Essen
Übliche Auswahl

Kinder
Kleiner Spielplatz, gut einsehbar

Plus
Lage am Flussufer

Minus
Viele Schirme

Fazit
Herausgeputzter Uferbiergarten

128 Unser Tipp:

Wirtsgärten im Würmtal
Das Würmtal bietet eine hohe Dichte an echten und weniger echten Biergärten. Von der *Kraillinger Brauerei* (130) geht es würmab über den *Alten Wirt* und das *Planegger Bräustüberl* (schöner Garten direkt an der Würm) über die Bahnhofstraße zum *Heide Volm* (126) direkt am S-Bahnhof Planegg. Wer noch weiter will, kann über das *Waldheim* (122) das *Lochhamer's* (120) ansteuern.

Kraillinger Brauerei

Hopfen und Malz werden in der Kraillinger Brauerei zwar nur noch in Fässern geliefert, umso mehr Platz bleibt aber für den Biergarten, eine Sommerfrische für Normalverdiener im sonst so nobligen Würmtal.

Die vielen Radler tun ein Übriges, und für die Kinder gibt es sogar eine eigene Etage im Souterrain. Angenehm sind die meist festgefügten Tische und Bänke. Sie lassen das Gewackel der anderswo üblichen Biergarten-Garnituren vergessen. Hier haben wir auch viel Platz zwischen den Tischen. Es herrscht also nicht die Enge mancher Stadt-Biergärten.

Im hinteren Gartenteil, fernab der Buden, geht's dann gemächlicher zu. Dort spitzt auch die Abendsonne unters dichte Blätterdach hinein und vergoldet die Krüge. Jetzt bloß noch eine frische Maß und fertig ist das Gartenglück – wohl bekomm's! Und wenn's mal tierisch heiß ist: Auf Wunsch gibt's gekühlte Gläser.

82152 Krailling
Margaretenstraße 59 · Ecke Pentenriederstraße
Tel. 8 57 17 18 · www.kraillinger-brauerei.com

Wann
Täglich 11 - 23 Uhr

MVV
S 6 Planegg; Bus 936/968 Mitterweg

Rad
Kein Radweg;
0,5 km Alter Wirt (128)
1,2 km Heide Volm (126)
1,5 km Pe.Es. (124)
3 km Forsthaus Kasten (132)
10 km Leutstetten (134)

Parken
P am Haus

Sitzplätze
1800; meist fest installierte Tische

Essen
Große Auswahl

Kinder
Großer Spielplatz in eigener Etage mit 100 Sitzplätzen, Trampolin

Plus
Meist festinstallierte Tische; schöner Spielplatz

Fazit
Bodenständige Einkehr mit guter Küche und zivilen Preisen.

130 Unser Tipp:

Piranha-Alarm

Direkt neben dem Biergarten lädt der Berger Weiher zum Planschen. Die Gemeinde hat zwar keine Toiletten aufgestellt, aber der Wirt lässt alle Badefreunde auf seine Örtlichkeiten – Zitat: „Sind ja alles meine Gäste“. 2014 war der Weiher ein paar Tage wegen Piranha-Alarm gesperrt. Aggressiv sind die bei den Temperaturen angeblich nicht, aber... Jedenfalls war das Sommerloch der Lokalzeitungen damit bestens ausgefüllt.

Forsthaus Kasten

Wenn Sie über die Rad- und Wanderwege von Krailling, Stockdorf oder Neuried herkommend aus dem Wald treten, liegt inmitten einer großen Lichtung der himmlisch ruhige Ausflugsbiergarten. Hier entfalten Spaziergänger ihre Zeitung, verschmökern Bücherwürmer den lieben Tag, genießen Kinder Wiesen, Spielplatz, Tiergehege, hier eilt nichts. Besonders schön ist der Obstanger mit den fest installierten Biertischen. Abends dann bietet sich den durstig Ankommenden ein fast unwirkliches Bild: eine Insel mit bunten Lichtern im weiten Dunkel drumherum. Ist freilich eine der Veranstaltungen im Gange – und das ist nicht selten – kann aus dem Idyll rasch ein Rummelplatz werden.

Das frische Brot kommt hier am Wochenende aus dem eigenen Steinbackofen im Biergarten. Für Radtouren zu den Biergärten am Rand des Forstenrieder Parks ist Forst Kasten ideal gelegen. Müde Radler bekommen eine Fruchtschorle und müde eBike Akkus können an der Ladestation wieder aufgefrischt werden.

PAULANER

Feinste Münchner Braukunst seit 1634

82131 Gauting · im Forstenrieder Park

Tel. 8 50 03 60 · www.forst-kasten.de

Wann
Täglich 11 - 23 Uhr, So ab 10 Uhr bei entsprechendem Wetter auch im Winter offen

MVV
S 6 Stockdorf, dann 3 km zu Fuß, Bus 936/968 Max-Dingler-Straße

Rad
Radwege durch Forstenrieder Park; 3 km Kraillinger Brauerei (130); 9 km Leutstetten (134) über Buchendorf

Parken
großer P am Haus; Navi-Eingabe: 82061 Neuried, Kasten

Sitzplätze
2000; durchweg Holz, z.T. fest installiert

Essen
Reichhaltiges Angebot; Mini-Leberkäs in der Aluschachtel; Am Wochenende Brot aus dem eigenen Stein-Backofen. Viele vegetarische Gerichte

Kinder
Schöner Spielplatz, Schafe, Ziegen, große Wiesen; gegen Bezahlung: Trampolin, Minigolf

Plus
Idyllische Lage auf großer Waldlichtung, bietet viel für Kinder

Minus
Rummel bei Veranstaltungen

Fazit
Schöne Waldrast für Ausflügler und Sitzenbleiber

132 Unser Tipp:

Wochenend-Remmidemmi

Die Lage auf der großen Waldlichtung verleitet offenbar zu vielerlei Veranstaltungen: Da setzt es ein Frühlingsfest, ein Weinfest, Ponyreiten für die Kleinen und ein Sommerfest. Häufig musikalische Veranstaltungen am Wochenende (siehe Internet).
Aus ist's dann mit der sonst so beschaulichen Ruhe.

Leutstetten

Nobel die Schlossgaststätte in der Nachbarschaft des Wittelsbacher Schlosses, nobel die Starnberger Schickeria, die hier ihre Karossen vorführt. Aber auch durstige Mühlthal-Wanderer schlucken gerne vom königlich-kaltenbergschen Bier. Ein klassischer Ausflugs-Biergarten also, griabig und schattig. Die riesigen, altgewachsenen Bäume setzen dem Garten die Krone auf.

Doch Vorsicht, wer wochentags von den Überresten der sagenhaften Karlsburg herabwandert, findet den eigentlichen Biergarten erst ab 17 Uhr geöffnet, am Wochenende freilich schon ab Mittag. So bleibt bei klarem Wetter noch genügend Zeit, vom Moränenhügel gleich hinter dem Wirtshaus den traumhaften Blick auf Starnberger See und Zugspitze zu genießen.

Bei weniger sicherem Wetter haben die Standl schon mal zu; dann muss man sich eben an der Schänke im Wirtshaus bedienen.

Kaltenberg
BIER VON KÖNIGLICHER HOHEIT

82319 Starnberg-Leutstetten · Altostraße 11
Tel. (08151) 81 56 · www.schlossgaststaette-leutstetten.de

Wann
Mo - Fr 17 - 23 Uhr
Sa/So ab 12 Uhr
September - Mai, Oktober - April
Mo, manchmal auch Di Ruhetag

MVV
S 6 Starnberg-Nord, Bus 963 von Starnberg nur unter der Woche

Rad
Von Gauting Radweg ins Mühlthal; durch den Forstenrieder Park von Forsthaus Kasten (132) über Buchendorf

Parken
Beschilderte Abzweigung von der Straße Gauting-Starnberg oder von der Olympiastraße München-Starnberg. P knapp, oft schwierig

Sitzplätze
600; durchweg fest installierte Holztische

Essen
Große, gehobene Auswahl vom Grill und kalte Brotzeiten

Kinder
Klettergerüst und Rutsche, nahe der Straße

Plus
Herrliche Bäume, ideal für Wanderungen

Minus
Unter der Woche erst ab 17 Uhr geöffnet; Buden nicht immer auf

Fazit
Klassisch-schönes Ausflugsziel

134 Unser Tipp:

Theater am Hof
Im Nebengebäude der Schlossgaststätte finden mehr als nur illustre Hochzeiten und Weihnachtsfeiern des FC Bayern statt: Hier spielt im Herbst das Bauerntheater.Infos im Netz: www.hs-gaststaetten.de. Schade nur, dass einem drinnen langsam heiß wird, während draußen eine frische Maß zu haben wäre. Wer keine Karten kriegt, gräme sich nicht: Das Mühlthal lockt mit einer Vielzahl von Ausflügen.

Waldgasthof Buchenhain

Buchenhain bei Pullach war schon immer ein beliebtes Ausflugsziel. Die Lage am Hochufer der Isar – die man von hier freilich nicht sieht – zwischen Forstenrieder Park und Georgenstein könnte gar nicht günstiger sein.

Das Bier bekommt man am Wochenende an der Gartenschänke, sonst holt man es sich drinnen. Der Schankwagen bietet Brotzeit und Kuchen. Daneben wird nun auch gegrillt. Schatten unter den alten Bäumen gibt es reichlich erst ab nachmittags. Vorher findet man unter den zahlreichen blauen Schirmen Schatten. Für Kinder ist jede Menge Platz. Steil geht es hinab zur Isar. Direkt unterm Biergarten ist der herkömmliche Klettergarten der Münchner Bergfexe, die heute lieber künstliche Kletterwände benutzen. An die alte Zeit erinnert noch die heutige Straßenadresse.

Weit weg von jeder Hektik ist der Waldgasthof ein entspannter Biergarten, in dem man gerne länger sitzen bleibt. Der nahe S-Bahnhof lässt uns ganz ohne Promillesorgen noch eine zweite Maß Hofbräu trinken. Auf Wunsch kommt das Bier sogar im Steinkrug daher.

HB MÜNCHEN

82065 Buchenhain · Am Klettergarten 7
Tel. 7 44 88 40 · www.hotelbuchenhain.de

Wann
Sa/So 10 - 23 Uhr
Mo - Fr Bier drinnen holen

MVV
S 7 Buchenhain

Rad
Am Radweg entlang der B 11
Solln - Pullach - Hohenschäftlarn
6 km WaWi (138)
8 km Schäftlarn (206)
8 km Forsthaus Kasten (132)

Parken
Großer schattiger P am Haus; von München her auf der B 11 erst nach der Unterführung links abbiegen

Sitzplätze
900; durchweg Holztische

Essen
Viele Brotzeiten, einige warme Gerichte; Schmalznudeln und selbstgebackene Kuchen

Kinder
Großer Spielplatz, eingezäunt und gut einsehbar; Fußballtore; Hüpfburg

Plus
Schöne, ruhige Lage; großer Spielplatz

Minus
Unter der Woche Bier drinnen holen

Fazit
Optimaler Familien-Biergarten zum Sitzenbleiben

136 Unser Tipp:

Feier-Abend

Wenn Sie mal anständig abfeiern wollen, ist Buchenhain eine gute Adresse: Die Tische können Sie nach Belieben zusammenstellen. Nun noch eine herzhafte Brotzeit ausgepackt und schon lacht das bayerische Herz. Kinder können im weiten Areal herumtollen oder Räuber und Schandi spielen. Die Ruhe ist einer Waldgaststätte angemessen. Trotzdem wartet der S-Bahn-Chauffeur ganz in der Nähe auf heitere Gäste.

Waldwirtschaft Großhesselohe

Seit Wirt *Sepp Krätz* 1981 den Traditionsbiergarten übernommen hat, ist die „WaWi“ zu einem der bekanntesten Biergärten Bayerns aufgestiegen. Von hier ging 1995 die Münchner Biergartenrevolution aus. Daher wundert's kaum, dass auch viele Promis und Nordlichter den Weg hierher suchen. Man kennt sich ja vom Hippodrom, dem früheren Krätz-Zelt auf der Wiesn. Sie alle finden einen wunderschönen, echten Biergarten hoch über dem Isartal. Das gilt auch für die Schlapphüte vom Bundesnachrichtendienst, der gleich jenseits der Mauer residiert. Gleich am Zaun stürzt das Hochufer steil hinab in die grüne Hölle. Hier ist auch das schönste Brotzeitplatzerl!

Ein Zeltdach zieht sich durchs Herz des Gartens. Daneben die Grillstation zum „Selbergrillen". Die Bühne für die Band ist in die Mitte gerückt; nun wird jeder Winkel mit Jazz berieselt. Die Musik sorgt auch dafür, dass die Maß etwas teurer daherkommt und dass es hier oft schon sonntagmittags rappelvoll ist.

82049 Pullach-Großhesselohe
Georg-Kalb-Straße 3 · Tel. 74 99 40 30
www.waldwirtschaft.de

Wann
Täglich 10 - 23 Uhr
Ausschank bis 22.30 Uhr
an warmen Wochenenden
auch im Winter offen

MVV
S 7 Großhesselohe

Rad
Am Isarhochufer bis
Hohenschäftlarn 13 km
Klosterbräu Schäftlarn (206)
2 km Menterschwaige (86)
3 km Hinterbrühl (84)

Parken
Zufahrt über Promenadeweg.
P oft überlastet; Gebühr

Sitzplätze
2200; durchweg Holztische

Essen
Große, gehobene Auswahl

Kinder
Spielplatz, z.T. kostenpflichtig,
Schiffsschaukel, Kinder-Eisenbahn, Minigolf, Trampolin

Plus
Klassiker, Lage am Isar-Hochufer,
Musik, gute Bierauswahl (nach
Saison auch Mai-Bock usw.)

Minus
Gehobene Preise

Fazit
Herrlicher Biergarten
mit Tamtam

138 Unser Tipp:

Always on the bright side of life

Seit 1982 spielt in der WaWi Jazz, bei schönem Wetter täglich. Begeben Sie sich über die *Route 66* auf die *Sunny Side of the Street*! Wenn Ihnen das nicht ganz so leicht fällt, helfen Sie eben mit ein oder drei Maß nach!
Als kleiner Ausflug bietet sich auf dem Waldweg nach Pullach die Burg Schwaneck an, die im 19. Jahrhundert einer Raubritterburg nachempfunden wurde und heute als Jugendherberge dient.

Kugleralm

Der „Familien-Biergarten im Münchner Süden", so die Eigenwerbung, ist ein klassisches Ausflugsziel, ein Biergarten mit allem Drum und Dran.

So viele Radfahrer wie hier sieht man in keinem anderen Biergarten. Entsprechend ist bisweilen der Andrang, mit dem die großzügig dimensionierten Schankzentren aber spielend fertig werden. Die gesamte Versorgungsstation des Biergartens ist seit 2014 nämlich komplett neu – von der Schankanlage bis zur Biergartenküche.

In der Kugleralm, so geht die Mär, wurde 1922 die Radlermaß erfunden, als der legendäre Wirt *Franz Xaver Kugler* aus der Not eine Tugend machte: An einem heißen Junitag ging das Bier zur Neige und so streckte er es einfach mit Limo, fertig war der Durstlöscher. Den braucht man auch heute noch, wenn man auf dem überaus sonnigen Vorplatz sitzt, weiter hinten aber gibt's Schatten genug. Tanzboden, Leerflächen, Schirmdach, Tische bilden ein nicht alltägliches Biergarten-Sammelsurium. Ab und zu spielt hier auch Live-Musik; für Kinder gibt es regelmäßig Veranstaltungen wie Ponyreiten oder das beliebte Knax-Kinderfest.

SPATEN
MÜNCHEN

82041 Deisenhofen · Linienstraße 93
Tel. 61 39 01 20 · www.kugleralm.de

Wann
Bei schönem Wetter täglich
10 - 22.30 Uhr

MVV
S 3 Furth/Deisenhofen

Rad
6 km Menterschwaige (86)
13 km Schäftlarn (206)
9 km Gasthaus zur Mühle: schöne Route über Laufzorn und Straßlach

Parken
P ausreichend vor dem Haus oder jenseits der Bahn

Sitzplätze
2500; meist klassische Holzgarnituren sowie runde Tische

Essen
Große Auswahl; gerühmt sind die Auszognen; Steckerlfisch

Kinder
Großer, schöner Spielplatz, gut einsehbar und eingezäunt, Ponyreiten

Plus
Preiswert, klassisches Ausflugsziel; Sehr kinderfreundlich

Minus
Kunterbunt möbliert

Fazit
Klassiker für Radler und Familien

140 Unser Tipp:

Radeln im Grünwalder Forst

Von der Grosshesseloher Brücke unweit der *Menterschwaige* (86) ein kleines Stück Richtung Grünwald, dann zweigt der Radweg nach links ab. Vorbei am Bavaria-Filmgelände, erreichen wir auf einer großen Waldlichtung das *Wirtshaus Wörnbrunn* und weiter durch tiefen Wald die *Kugleralm*. Schön ist auch die Tour über Laufzorn und Straßlach zum *Klosterbräu Schäftlarn* (206).

Zum Bartewirt

Ein schmucker Biergarten weit draußen, kurz vorm Tegernsee und dennoch mit S-Bahn-Anschluss.

Kreuzstraße – der Name macht Sinn. Direkt am Straßenkreuz beim Maibaum liegt der Biergarten. Der bietet halb Sonne, halb Schatten, für jeden ist also ein Platzerl dabei. Für unsicheres Wetter gibt es neuerdings ein kleines Zelt.

Der Bartewirt präsentiert sich als ein schöner Ausflugsbiergarten, ideal als Radlerziel oder nach einer Bergtour am Tegern- oder Achensee.

Der Wirt bietet „bayrisch-österreichische Küche“ an. Den Mischmasch kennen wir auch schon aus der Schlossgaststätte Leutstetten. Trotzdem dürfen wir es uns beim Bartewirt einfach bayerisch wohl sein lassen, die deftigen Portionen und das Arcosche Kellerbier lassen grüßen.

GRAF ARCO

83626 Valley/Kreuzstraße · Gruberstraße 1
Tel. (08024) 77 81 · www.bartewirt.de

Wann
Mo-Fr 17 - 22.30 Uhr
Sa/So 10 - 22 Uhr

MVV
S 7 Kreuzstraße (600 m entfernt)

Rad
Radweg an der Mangfall (siehe Tipp)
7 km Aying (144)

Parken
P ausreichend am Biergarten

Sitzplätze
450; durchweg Holzgarnituren

Essen
Deftige Küche in großen Portionen; Halsgrat vom Grill

Kinder
Spielplatz, gut einsehbar

Plus
Gute Küche

Minus
Schwerverkehr nahebei

Fazit
Angenehmer Ausflugsbiergarten mit guter S-Bahn-Anbindung trotz Outback-Lage

142 Unser Tipp:

Mangfallera!
Im Frühtau zur Mangfall hinab – die nahe S-Bahnstation Kreuzstraße macht's auch Sonntagsradlern möglich: Vom Bahnhof den mythischen Teufelsgraben entlang, dann über Wiesen bis Grub und das Sträßlein steil zum Mangfall-Tal hinab, der Trinkwasserquelle Münchens. Am Flüsschen angekommen bieten sich diverse Möglichkeiten. Wie wär's mit einem Abstecher zum *Schloss Valley* mit dem Orgelmuseum von *Dr. Sixtus Lampl*? Ein Wanderausflug in überschaubarer Distanz zum Biergarten.

Ayinger Bräustüberl

Ein herrlicher Brauereibiergarten an einem Bilderbuch-Dorfplatz. Mit Maibaum, Denkmal, Gasthof, und über alles ragt der Zwiebelturm. Leider parken hier auch die Autos, die trotz der südlichen Lage ein überraschend nördliches Publikum heranakarren. Eng zusammenrücken müssen wir ohnehin, den Weg zur Völkerverständigung finden wir über das süffige Bier, das hier im Ort gebraut wird. Draußen im Garten wird das unfiltrierte Kellerbier inzwischen wieder verzapft.

Das Bräustüberl war früher nach *Johann Liebhard* benannt, dem Vorfahr der jetzigen Inhaberfamilie Inselkammer. Liebhard ließ im Jahr 1877 die Brauerei erbauen, die heute den Namen Aying in die weite Welt trägt.

85653 Aying · Münchner Straße 2
Tel. (08095) 13 45 · www.ayinger-braeustueberl.de

Wann
SB wochentags bei sicherem Wetter ca. 17 - 22 Uhr
Wochenende ab 11 Uhr

MVV
S 7 Aying, 400 m zu Fuß

Rad
19 km Leiberheim (98)

Parken
Relativ knapp am Dorfplatz, am Wochenende schon mal überfüllt

Sitzplätze
600; durchweg Holztische

Essen
Preiswert; Salatbuffet; Schmankerl: Schweinshaxn

Kinder
Winziger Spielplatz, gut einsehbar

Plus
Preiswertes, süffiges Bier, schöne Umgebung

Minus
Kaum Platz für Kinder

Fazit
Griabiger Brauereibiergarten im Bilderbuchdorf

144 Unser Tipp:

B(r)aumeisterlich
Besuchen Sie mal die Brauerei am Ortsrand von Aying. Eine wirklich gelungene Mischung von hochmoderner Technik und dörflicher Bauweise. Mit viel Glas und Lärchenholz, mit Satteldach und Torbogenfenstern ist den Ayingern ein glasklares ländliches Ökonomiegebäude gelungen. Und das ohne jede Anbiederung an den sonst ach so beliebten Jodlerbarock.

Forsthaus St. Hubertus

Der bekanntere unter den beiden Prachtbiergärten im Ebersberger Forst, wie geschaffen für einen Waldspaziergang von einem zum anderen. Weit öffnet sich die Lichtung ums Forsthaus, bietet Platz für Wiesen, den Biergarten und einen geräumigen Spielplatz. Kinder haben hier soviel Auslauf wie in der *Sauschütt* (148), doch ist der Forsthausgarten nicht ganz so urig und schattig wie der Nachbar.

Unter der Woche wirds kaum je voll hier, und dann sind die Vogelstimmen das lauteste, was man hören kann. Autos, die sich über die Schotterpiste von Ebersberg herüberquälen, verstecken sich gnädig weiter hinten. Sie stören die himmlische Ruhe nicht. Dafür gibt es eine Pferdeanbindestation wie vorm Cowboy-Saloon. Im Winter lockt ein Christkindlmarkt geländegängige Wanderer.

So tief im Wald würde es uns auch nicht wundern, wenn zu später Stunde noch der Räuber Hotzenplotz daherpolterte und sich einen Wildsautropfen genehmigte!

85560 Ebersberg · St. Hubertus 1 · im Ebersberger Forst
Tel. (08092) 8 57 99 96 · www. forsthaus-hubertus.de

Wann
Mi - Sa 12 - max. 23 Uhr
So ab 11 Uhr
Mo/Di Ruhetag

MVV
S 4 Ebersberg, Bus 446

Rad
5 km Hohenlindener Sauschütt (148)

Parken
Zufahrt von Ebersberg Richtung Markt Schwaben, dann links nach Anzing, z.T. Schotterstraße, großer P

Sitzplätze
600; Holzgarnituren

Essen
Übliche Auswahl

Kinder
Großer Spielplatz, gut einsehbar, Wald, Wiesen

Plus
Idyllisch mitten im Wald, Ruhe, Platz

Fazit
Wunderschöne Waldschenke in himmlischer Ruhe

146 Unser Tipp:

Stramme Radtour
Aus Richtung München geht's per Rad an der B 304 entlang bis Eglharting, wo wir nördlich in den riesigen Ebersberger Forst abschwenken. Säuberlich sind die Waldwege im Karree ausgerichtet, und so erreichen wir im Zickzack übers *Forsthaus Diana* (keine Bewirtung) das *Forsthaus St. Hubertus*. Von hier aus gehen mehrere Radwege, einer führt uns Richtung Nordwesten zum Biergarten *Sauschütt* (148).

Hohenlindener Sauschütt

Eine Perle unter Wildsäuen: Mitten im Ebersberger Forst mit seinen Schwarzkitteln liegt schattig, einsam, verwunschen dieser Märchengarten mit einem Gasthaus im Hexenhäuslformat. Fragen Sie mal die Kenner der Münchner Maßkrugszene, ob sie schon mal von der Waldgaststätte Sauschütt gehört haben? Nix haben die gehört, das versprechen wir.

Dabei könnt's gar nicht schöner sein, ein Waldgarten wie aus dem Bilderbuch. Schad bloß, dass es unter den Linden nur noch Garnituren gibt statt der alten festen Tische. Darauf schlucken wir ein Schwarzbier vom Wildbräu!

Die Kinder glauben sich hier eh im Paradies – mit Wildgehege und Streichelzoo. Übrigens: Die Wirtsleut zapfen Ihnen auch dann eine Maß, wenn Sie als einziger Gast hereinrumpeln.

85664 Hohenlinden · Sauschütt 1 · im Ebersberger Forst
Tel. (08124) 44 64 78

Wann
ca. 10.30 - 22 Uhr; Mo, Di Ruhetag, aber bei schönem Wetter im Sommer geöffnet

MVV
S 4 Ebersberg, S 2 Erding
Bus 445/449 Sauschütt Ost

Rad
3 km von Hohenlinden
5 km Forsthaus St. Hubertus (146)

Parken
P beschilderte Zufahrt von der Straße Hohenlinden-Ebersberg

Sitzplätze
400; meist Gartentische und -stühle

Essen
Eigene Metzgerei, Wild aus dem Ebersberger Forst

Kinder
Sehr schöner, großer Spielplatz mit futuristich anmutender „Rutschburg", gut einsehbar, Wald, Wildgehege mit Streichelzoo

Plus
Einsame Lage im Wald, schattig, „Geheimtipp"

Fazit
Traumhafter Waldbiergarten

148 Unser Tipp:

Unter Wildsäuen
Gleich am Biergarten gibt es mehrere Wildgehege, etwas nördlich liegen die Reste einer Römerstraße im Waldboden. Zum *Forsthaus St. Hubertus* (146) von der Sauschütt die Zubringerstraße erst geradeaus weiter, am Kapell-Geräumt links. Dann über den Hohenlindner-Geräumt geradeaus zum Forsthaus. Oder wie wär's mit dem Walderlebnispfad über drei sogar rollstuhlgeeignete Kilometer?

Gasthof Grub

Direkt an der S-Bahnstation von Grub erwartet uns dieser Landbiergarten mit seinem dichten Kastaniendach. Kein Massenbetrieb und ruhig gelegen – fast ein Geheimtipp.

Über 100 Jahre schon leistet das Wirtshaus Dienst am Gast. An vielen Tischen wird bedient, aber für mehr als 200 Gäste bleibt dennoch Platz für Leute mit eigener Brotzeit. Wer nichts mitbringt, den versorgt die Bedienung mit Essen – bei den günstigen Preisen durchaus eine Alternative. Für eine zünftige Grillparty empfehlen wir die Biergarten-Hütte, siehe Tipp.

Die Straße, die hier früher für ordentlich Lärm gesorgt hat, ist mittlerweile für Autos gesperrt. Recht so!

HB MÜNCHEN

85586 Poing-Grub · Parsdorfer Straße 5
Tel. 9 03 23 36

Wann
11 - 23 Uhr; Mo Ruhetag

MVV
S 2 Grub, direkt am Bahnhof

Rad
12 km Sauschütt (148)
7 km Heimstettener See (104)

Parken
Großer P vorhanden

Sitzplätze
400; davon 200 zum Brotzeit mitbringen

Essen
Spezialität: Schweinshaxn, ansonsten übliche Auswahl zu günstigen Preisen

Kinder
Schöner Spielplatz mit Trampolin, gut einsehbar

Plus
Idyllische Lage unterm Kastaniendach

Minus
Viele gedeckte Tische;

Fazit
S-Bahn und Land-Idyll

150 Unser Tipp:

Auf geht's zum Grillfest
Ein Grillfest drinnen?
Ja, in der urigen Hütte des Biergartens (ab 150 € Getränkeumsatz keine „Miete"). Was auf dem Grill liegen soll, das können Sie mitbringen. Und das Schönste: Niemand wirft Sie um elf hinaus, im Gegenteil, es darf schon mal bis zur Morgendämmerung hoch hergehen.

Schlossallee Haag

Hoch droben im finstren Norden, zwischen Freising und Moosburg, liegt ganz unvermutet dieser herrliche Riesenbiergarten, einer der schönsten von allen. Treten Sie ein und wandeln Sie die Allee den Hang hinab, links und rechts von Unmengen trinkfester Bajuwaren gesäumt. Die sitzen längst bei einer Maß *Jägerbier* aus dem Steinkrug.

Früher, als die Schlossallee nur am Wochenende aufgesperrt hat, spielte hier die Blasmusik; inzwischen hat man auf Stilrichtungen aller Art geschaltet. Schad fast.

Die Schlossallee ist und bleibt einer der schönsten aller Biergärten. Hier ist viel Platz für jeden und für die Kinder fährt am Fuße des Hügels sogar eine eigene Eisenbahn.

Übrigens: Hier gab es wirklich mal ein Schloss. Von ihm ist nur die Allee geblieben, deren alte Bäume uns hier beschatten.

HOFBRAUHAUS FREISING
Brautradition seit 1160

85410 Haag/Amper · Freisinger Straße 1
Tel. (08167) 3 50 · www.biergarten-haag.de

Wann
Täglich 14 - 23 Uhr
Wochenende und feiertags schon ab 11 Uhr

Rad
Neuer Radlparkplatz;
Von Freising 11 km über Zolling; 12 km Plantage! (154)

Parken
Großer P mit 400 Plätzen, kostenlos

Sitzplätze
4000; meist festinstallierte Holztische

Essen
Sehr große Auswahl; Edel-Steckerlfisch: Forelle und Saibling; Ochsen-Spare Ribs und -pflanzerl; Steak- und Wursthüttn; hausgemachte Kuchen und Eis

Kinder
Riesiges Areal, viele Geräte, Ampertal-Bahn für Kinder, alles gut einsehbar, viel Auslauf

Plus
Schöne Lage, Steinkrüge, alte Bäume, Kinderparadies

Fazit
Herrlich-zünftige Landpartie – ein Traum für jeden Biergarten-fan!

152 Unser Tipp:

Bayern leuchtet
Was dem Chinaturm sein Kocherlball, ist der Schlossallee ihr Lampionfest. Das steigt immer am ersten Samstag im Juli. Dann kriegt jeder Besucher einen Lampion in die Hand, den klemmt man an den Tisch und abends leuchten 4000 Lampions bunt den Hang hinunter – das schönste aller Biergartenbilder, unbandig!

Plantage!

Seit 1874 gibt es diesen traumhaften Waldbiergarten bei Freising, hochmodern sind Schankzentrum und Spielplatz.

Die Kinder springen durch den wundervollen Laubwald, der sich am Hang über dem Biergarten hinaufzieht und zum Fangermandl einlädt. Eichen, Buchen und Ahorne gibt's also genug, auch sonst manche exotischen Bäume, denn im 19. Jahrhundert legten die Weihenstephaner hier eine Baumschule an – daher also der Name *„Plantage!"*.

Sonn- und feiertags gibt es von 13 bis 17 Uhr immer mal wieder einen Frühschoppen mit Live-Musik aller Stilrichtungen. Als „Musikbeitrag" kostet dann das erste Getränk einen Euro mehr. Ein Besuch des Biergartens mit Ausrufezeichen im Namen lohnt sich auch für unternehmungslustige Millionenstädter.

85354 Freising · Plantage 2
Tel. (08161) 6 31 55 · www.plantage-freising.de

Wann
Täglich 10 - 24 Uhr

MVV
S 1 Freising

Rad/Auto
Von Freising S-Bahn 3 km Richtung Haindlfing, dann Schild nach links zu Sportpark und Plantage
2,7 km Hofbrauhauskeller (156)
12 km Schlossallee Haag (152)
25 km Mühlenpark (108)

Parken
Großer P

Sitzplätze
1200; durchweg Holzgarnituren

Essen
Gute Auswahl; Schmankerl: klassischer Obatzda; Essigknödel; eigene Fischbraterei; hausgemachter Kartoffelsalat

Kinder
Große Anlage, prächtiger Bolzplatz

Plus
Schönste Lage im Laubwald

Minus
Pfand für Krüge

Fazit
Bestnoten für diese Waldoase!

154 Unser Tipp:

Walderlebnis
Gleich am Parkplatz der Plantage beginnt der rund zwei Kilometer lange Walderlebnispfad Freising mit dem Motto *„Natur erleben mit allen Sinnen“*.
Verirren Sie sich nicht im angeschlossenen *„Waldlabyrinth“* mit Barfußweg und Baumtelefon, sonst finden Sie den Biergarten vor lauter Bäumen nicht.

Hofbrauhaus-Keller

850 Jahre alt ist das Hofbrauhaus in Freising und damit fast so alt wie der bekanntere Bierbruder aus Weihenstephan. Dafür liegt der Keller viel näher an der herrlichen Freisinger Altstadt und ist auch von der S-Bahn gut zu Fuß erreichbar. Viele Radler, Wanderer und Nachbarn haben sich oben eingefunden. Unter den Tischen lag früher der Bierkeller, in dem das Bier auch im heißesten Sommer kühl blieb.

Schön, dass die unseligen Zeiten, in denen das Mitbringen der Brotzeit verboten war, vorbei sind und eine der ältesten Bierstätten Bayerns wieder auf den Pfad der Tugend zurückgefunden hat. Die Brauerei steht gleich nebenan, die Wege für das naturtrübe Jägerbier sind also kurz. Und der Wirt weiß, was er da anbietet – schließlich ist er selbst gelernter Brauer.

HOFBRAUHAUS FREISING
Brautradition seit 1160

85356 Freising · Lankesbergstraße 5
Tel. (08161) 93 88 00

Wann
Täglich 11 - 23 Uhr

MVV
S1 Freising, dann 10 Min. zu Fuß durch Altstadt und Weizengasse auf den Lankesberg

Rad
2,7 km Plantage (154)
2,2 km Bräustüberl Weihenstephan (158)

Parken
P ausreichend vorm Haus

Sitzplätze
600; meist Holztische

Essen
Gute Auswahl, alle Klassiker, alles aus der Region

Kinder
Riesiger Spielplatz, schöne Geräte, gut einsehbar

Plus
Lage im Herzen der Stadt; uralte Brauerei

Fazit
Der Familienbiergarten mit Brauereianschluss

156 Unser Tipp:

Die Freisinger Altstadt
Durch Jahrhunderte war Freising die Rivalin Münchens. Die Kraft des Glaubens und die Macht des Bistums spiegeln sich in der Domkirche, der die Brüder *Asam* ihren unvergleichlichen Stempel aufdrückten. Der Domberg und die Altstadt rund um den Marienplatz machen Freising zu einem oberbayerischen Juwel.

Bräustüberl Weihenstephan

Die älteste Brauerei der Welt, seit 1040 in Betrieb, ist der Nabel der Bierwelt. Nach dem steilen Weg herauf schmeckt das Bier vorzüglich, vor allem der dunkle Korbinian-Bock und die sechs (!) Weißbiersorten.

Vom Hügel blicken wir einerseits weit ins Land hinein, andererseits aufs Brauereigelände. Heroben haben die Professoren und Studenten der Bierfakultät die schattigen Plätze eingenommen, dazu die Freisinger Lokalmatadoren. Leider wurde hier in den letzten Jahren heftig modernisiert, vielleicht der vielen amtlichen Herrschaften wegen: Landhausdielen, Korbstühle, Markisen. Der Biergarten bleibt jedoch urig und angenehm, ruhig ist er auch und statt Abgasen wehen höchstens Duftwolken aus der Mälzerei herüber.

Im Bräustüberl wurde übrigens in der 30er Jahren der Obatzde geboren, von der Wirtin *Katharina Eisenreich* persönlich. Also: Was ein rechter Bayer ist, der muss mal hier gewesen sein *„am Ursprung des Bieres"* – Ausreden gelten nicht!

85354 Freising-Weihenstephan
Weihenstephaner Berg 10 · Tel. (08161) 1 30 04
www.braeustueberl-weihenstephan.de

Wann
Täglich von 10 - 24 Uhr

MVV
S 1 Freising, dann 20 Minuten zu Fuß oder Bus 614/615/638

Rad
2,2 km Hofbrauhauskeller (156)
3 km Plantage (154)
10 km Schloßallee Haag (152)
23 km Mühlenpark (108), über Isarradweg

Parken
P vorhanden

Sitzplätze
350; durchweg Holztische

Essen
Gute Grillhaxn und hausgemachte Bratensülz; Spare Ribs groß oder klein; Geburtsort des Obatzdn

Kinder
Kein Spielplatz

Plus
Historie, Lage auf dem Hügel, viele Biersorten

Minus
Kein Spielplatz

Fazit
Schöner Garten im Bierherzen Bayerns

158 Unser Tipp:

Seit 1000 Jahren
Wer sich für die Geschichte des Biers interessiert, sollte eine Brauerei-Besichtigung einplanen. Bald werden es tausend Jahre, so will ein eifriger Heimatforscher herausgefunden haben, dass hier oben Bier gebraut wird. Mag sein. Sie können die Brauerei allein besichtigen (ca. 70 min) oder die Verkostung mitwählen (ca. 2 Stunden). Leider nur von Mo - Mi um 10 Uhr vormittags, am Dienstag auch um 13.30 Uhr – und nur nach Voranmeldung.
Näheres unter:
www.weihenstephaner.de

Landgasthof Alter Wirt

Ein stattliches Wirtshaus an der Hauptstraße der Stadt Unterschleißheim: Seit 1578 soll der Alte Wirt bestehen, seit 1923 in der heutigen Gestalt. Einen eigenen Ballsaal hat der Alte Wirt und ein Musikzimmer. Zwischen denkmalgeschütztem Wirtshaus und der alten *St. Ulrich-Kirche* liegt der gemütliche Biergarten mit Hofcharakter.

Die Schänke ist stilecht; Brotzeitbuden gibt es aber nicht. Alles Essen kommt also aus dem Wirtshaus selbst.

Schade, dass es für die Kinder nur den großen Innenhof zum Spielen gibt.

Augustiner-Bräu München gegründet 1328

85716 Unterschleißheim · Hauptstraße 36
Tel. 37 07 34-0 · www.alterwirt-ush.de

Wann
Täglich von 17 - 23 Uhr

MVV
S 1 Unterschleißheim,
3 Min. zu Fuß

Rad
3 km Bergl (108)

Parken
Ausreichend P im Hof

Sitzplätze
300; meist Holzgarniturenn

Essen
Reichhaltige Auswahl, wöchentlich wechselnd; z.B. niederbayerischer Knödelsalat mit Regensburgern; Wirt-Burger mit purem Rind

Kinder
Kein Spielplatz, nur Innenhof

Plus
Schöner Hofcharakter unterm Kirchturm

Minus
Keine Brotzeitstandl; kein Spielplatz

Fazit
Angenehmer Dorfbiergarten

160 Unser Tipp:

Kleine Badefreuden
Zwei Badeseen tragen Schleißheim im Namen: Zunächst der Unterschleißheimer See, mit Beachvolleyball, kinderfreundlichem Sandstrand und Seewirt. Wegen des nahen Naturschutzgebietes sind Hunde hier verboten.
Interessant ist der Oberschleißheimer See, nur 200 Meter von der Regattastrecke entfernt, auf der 1972 die olympischen Ruderwettbewerbe ausgetragen wurden. Wer direkt im Regattasee plantscht, bitte auf pfeilschnelle Achter vom angeschlossenen Leistungszentrum aufpassen.

Schlosswirtschaft Mariabrunn

Natur, Kirche, Brauerei, Ruhe – das sind die stärksten Eindrücke von diesem Traumbiergarten am Waldrand mit angeschlossener Brauerei. Schon die Anfahrt über die Allee und hinein in den weiten, alten Hof ist stark. Er diente schon als Filmkulisse. Am Abend, wenn die Wallfahrtskirche angestrahlt ist und der Biergarten stimmungsvoll leuchtet, ergibt sich nochmal ein ganz anderes Bild – südliches Flair im architektonisch einmaligen Ensemble. Das Bier „nach herkömmlicher Art“ schmeckt vorzüglich.

Riesenkastanien schirmen die Holztische. Herrlich auch die Aussicht: Vom Hügel hinterm Biergarten noch 300 Meter weiter bis zu einem schattigen Bankerl gegangen, öffnet sich der Blick auf weites Bauernland, München, Berge. Unbandig!

85244 Röhrmoos · Gut Mariabrunn 3
Tel. (08139) 86 61 · www.schlosswirtschaft-mariabrunn.de

Wann
Täglich 11 - 23 Uhr

MVV
S 2 Röhrmoos

Rad
10 km Schloss Oberschleißheim (110)

Parken
Ausreichend

Sitzplätze
800; meist fest installierte Holztische

Essen
Große Brotzeit-Auswahl; Spezialität: Mariabrunner Braten; manchmal Steckerlfisch

Kinder
Großer Spielplatz, z.T. einsehbar, viel Auslauf

Plus
Schönste Lage, sehr ruhig, urig

Minus
Pfand auf Gläser und Krüge

Fazit
Einer der schönsten aller Biergärten

162 Unser Tipp:

Bayerisch-Italien
Im Jahr 1662 wurde *Georg Schlairböck*, als er von einer Quelle im Wald trank, ganz wundersam von seinem Gebrechen geheilt. Die barocke Wallfahrtskirche wurde errichtet, die den Biergarten überragt. Sie wirkt so italienisch im bayerisch-ländlichen Brauereihof – und es passt ganz famos zusammen!

Räuber-Kneißl-Garten

Ein ganz ein verruchter Mörder soll er gewesen sein, der Räuber *Kneißl* mit seinem Schießgewehr (s. Tipp). Und heutzutag trinkt man in seinem Garten Bier, am besten das Kneißl-Dunkle, nebenan frisch gebraut.

Geben Sie bei der Anfahrt nicht zu früh auf, der Garten versteckt sich hinter der Brauerei. Und beim Anmarsch vom Parkplatz geben Sie nicht schon an der Handvoll Freilufttische des Bräustüberls auf, gehen Sie noch über den Brauereihof zum Biergarten. Hier läßt sich ein ruhiger Abend verbringen. Ab und zu bietet der Kneißl-Garten Musik wie zum Beispiel einen Hoagascht.

Nicht vergessen: das Räuber-Kneißl-Museum im Keller des Wirtshauses mit vielen Originalstücken. Man kann den Museumssaal auch für einen feuchtfröhlichen Räuberabend mieten.

BRAUEREI MAISACH

PRIVATBRAUEREI J. SEDLMAYR

82216 Maisach · Hauptstraße 24

Tel (08141) 9 42 10 · www.wirtshaus-maisach.de

Wann
Mo - Fr 16 - 23 Uhr
Sa/So, feiertags ab 11 Uhr

MVV
S 3 Maisach

Rad
4 km Brauhaus Bruck (166)

Parken
nP an der Brauerei

Sitzplätze
350; fest installierte Holztische

Essen
Übliche Auswahl, z.B. Schweinsbraten

Kinder
Schöner Spielplatz, gut einsehbar

Plus
Brauereibiergarten, süffiges Kneißl-Dunkel, naturtrübes Kellerbier, gekühlte Maßkrüge

Fazit
Idyllischer Dorfbiergarten

164 Unser Tipp:

Der Räuber Kneißl
Mathias Kneißl, Räuber, Mörder und Volksheld, geboren 1875 in Unterweikertshofen nördlich von Maisach und aufgewachsen in der *Schachermühle* bei Sulzemoos, erschoss 1900 in Irchenbrunn bei Altomünster zwei Gendarmen. Er tauchte in den Wäldern rund um Maisach unter und avancierte zum bayerischen *Robin Hood*. „Kneißl" hieß das Motto vieler Bälle im Fasching 1901, bevor er in Geiselhausen gefasst wurde. Zur Henkersmahlzeit schluckte er sechs Maß Bier.

Brauhaus Bruck

Ausserhalb seines Heimatorts wenig bekannt ist dieser historische Biergarten, angelegt bereits 1840 als „Sommerbier-Keller des Marthabräu". Und *Marthabräukeller* hieß der Garten früher, firmiert jetzt aber unter dem Namen *Brauhaus Bruck*. Hier wird das königliche Kaltenberg-Bier gebraut, nur das König-Ludwig-Dunkle und das dunkle Weißbier kommen noch aus Schloß Kaltenberg selbst.

Den „Seitensprung" nach Fürstenfeldbruck propagiert die selbsternannte Schlossbrauerei nicht so gern und deshalb fehlt hier auch der ganze Zinnober, der in Kaltenberg veranstaltet wird. Das tut dem Biergarten mit seinem herrlichen Kastaniendach nur gut, das Publikum ist einheimisch, die Preise zivil. Schade nur, dass die Autos kaum einen halben Meter vom Biertisch parken.

Kaltenberg
BIER VON KÖNIGLICHER HOHEIT

82256 Fürstenfeldbruck · Augsburgerstraße 41
(Eingang: Marthabräustraße) · Tel. (08141) 2 54 90
www.brauhaus-bruck.de

Wann
Täglich 11 - max. 23 Uhr

MVV
S 4 Fürstenfeldbruck
Bus 839 Kapellenstraße

Rad
Vom Räuber-Kneißl-Garten (164) über Bruckerstraße oder vom Alten Wirt Etterschlag (176) über Mauern, Schöngeising (170) nach FFB (13 km)

Parken
Direkt am Biergarten; großer P auf der Wiese gegenüber

Sitzplätze
600; meist fest installierte Holztische

Essen
Neue Brotzeithütte mit vielen kleinen Brotzeiten; mittags weniger Angebot

Kinder
Kleiner Spielplatz, gut einsehbar

Plus
Schattig, preiswert Kellerbier naturtrüb „Geheimtipp"

Minus
Parken direkt am Zaun

Fazit
Brauerei-Biergarten mit bodenständigen Preisen

166 Unser Tipp:

Festsaison
Am Brucker Brauhaus steigen gleich zwei größere Volksfeste im Biergartenjahr: Anfang Mai das Frühlingsfest und Anfang Juli das Volksfest, das gleich zehn Tage lang dauert. Aus ist's dann mit der Ruhe, hier steppt der Brucker Bär! Leider entfällt dann auch die große Parkmöglichkeit auf der Festwiese.

Fürstenfelder

Der Biergarten im Kloster Fürstenfeld hat seit 2002 für uns geöffnet. Hier sitzen wir unter einem Riesenbaum und einigen halbstarken Exemplaren. Trotzdem ist es schön und ruhig hier, wir genießen den freien Blick aufs Kloster Fürstenfeld mit schönstem bayerischen Barock (siehe Tipp).

Viel weniger überlaufen ist's als im Kloster Andechs. Es gibt ja auch kein selbstgebrautes Bier, schon mangels Mönchen, denn das Kloster ist nicht mehr in Betrieb. Dafür können wir unter diversen Biersorten wählen. Neben Paulaner gibt es z.B. Unertl und Riedenburger. Schön, dass Bier und Klosterbau wieder zusammengefunden haben!

Entspannt geht es zu im weiten Klosterareal. Dienstagnachmittags und samstagvormittags: Bauernmarkt.

Und am Wochenende – Klosterlounge. Sitzen wie im Freiluftwohnzimmer mit Bar und Klosterblick.

82256 Fürstenfeldbruck · Fürstenfeld 15
Tel. (08141) 8 88 75-0 · www.fuerstenfelder.com

Wann
Mo - Fr 17 - 23 Uhr
Sa/So ab 11 Uhr

MVV
S 4 Fürstenfeldbruck
Bus 845 Fürstenfeld

Rad
1,5 km Brauhaus Bruck (166)
6 km Zum Unter'n Wirt (170)
10 km Dampfschiff (172)

Parken
Großer P anbei

Sitzplätze
500; durchweg Holz

Essen
Viel Bio wie Ökofleisch von Bioland; am Wochenende erweitertes Angebot

Kinder
Spielplatz, halbwegs gut einsehbar vom Biergartenbereich aus, große Spielwiese

Plus
Lage am Kloster

Minus
Bäume müssen noch wachsen

Fazit
Neuer, schöner Garten in historischer Anlage

168 Unser Tipp:

Kloster Fürstenfeld
Im Jahr 1256 verdächtigte Bayernherzog *Ludwig der Strenge* seine Gemahlin der Untreue und betrieb die Schnellscheidung mit dem Schwerte. Zur Sühne für die vorschnelle Tat stellte uns der Halsabschneider das Kloster Fürstenfeld hin, das heute mit seiner Barockkirche glänzt, einem 80 Meter langen Monumentalbau mit prächtigen Innereien unter anderem von den Gebrüdern Asam. Hinterm großen Parkplatz, direkt an der Amper, wird uns im Hochseilgarten schwindlig.

Gasthof zum Unter'n Wirt

Der Biergarten bietet ein Flussbad in der grünen Amper – das ist mal ein ganz anderes Gefühl als in den üblichen Badeseen. Der Untere Wirt wirkt deshalb auch nicht wie einer der Badeseebiergärten mit Kioskcharakter, in denen hauptsächlich Pommes und Steckerleis verkauft wird. Es handelt sich vielmehr um ein gestandenes Wirtshaus mit uriger Gaststube – und mit Badeanschluss. Leider haben die Essensbuden unter der Woche zu, sie sperren nur am Wochenende auf.

Ideal erreichbar ist der Biergarten auch per Schlauchboot auf der Amper, siehe Tipp. Oder als Ziel einer Wanderung durch die Amperauen.

82296 Schöngeising · Kirchstr. 2
Tel. (08141) 1 27 49 · www.zumunternwirt.de

Wann
Täglich 10 - 23 Uhr
SB nur am Wochenende und feiertags offen

MVV
S 4 Schöngeising, dann 25 Min. zu Fuß

Rad
6 km Dampfschiff (172)
6 km Kloster Fürstenfeld (168)

Parken
Ausreichend P direkt am Biergarten

Sitzplätze
450; teils Tische, teils Garnituren

Essen
Unter der Woche nur Speisekarte; am Wochenende Obatzda, Wurstsalat, Schweinsbraten

Kinder
Badegelände, Klettergerüst, Schaukel, Slackline, alles gut einsehbar

Plus
Lage samt Freizeitangebot

Minus
Selbstbedienung nur am Wochenende offen

Fazit
Badegelände mit Biergarten – oder umgekehrt?

170 Unser Tipp:

Ammer und Amper
Die Amper ist einer der wenigen Flüsse, die unterwegs ihren Namen ändern – bis zum Ammersee ist es die Ammer, danach die Amper. Die Ammer bietet wildromantische Schluchten, die Amper ist zu einem großen Teil schlauchboottauglich. Boote samt Abhol-Service gibt es z. B. unter www.action-funtours.de. Nähere Infos dazu unter www.kanu-info-isar.de. Ruhiger geht es für Wanderer im Naturschutzgebiet Amperauen zu. Bis hinunter nach Dachau kann, wer mag, dem Lauf des beschaulichen Flusses folgen.

Dampfschiff

Ein kleiner Biergarten in herrlicher Lage an der Amper bei Grafrath. Gleich hinter der hölzernen Gartenterasse wird's hier richtig zünftig.

Dort befand sich seit 1880 die Anlegestelle eines Dampfschiffs – daher der Name. Damals gab es keine Bahnlinie nach Herrsching und so strömten die Münchner Ausflügler vom Bahnhof Grafrath zur Amper, um sich von hier das Stückchen zum Ammersee nach Stegen schippern zu lassen. Ausflüge machen bekanntlich durschtig und so eröffnete schon damals das Wirtshaus zum Dampfschiff. Das währte bis 1939, dann wurde die Ausflugslinie eingestellt, der Biergarten verdämmerte.

Seit ein paar Jahren hat der Wirt den Laden wieder hochgebracht – eine schöne Station auf dem Weg zum oder vom Ammersee. Zumeist sonntags spielt bei schönem Wetter Live-Musik. Und das muss kein Jazz sein, es kann auch dampfender Zydeco aus den Sümpfen von Louisiana sein. Wenn das nicht zu Sommer und Wasser passt!

J. W.
Augustiner
Bräu München
gegründet 1328

82284 Grafrath · Graf-Rasso-Straße 40
Tel. (08144) 13 14 · www.dampfschiff.com

Wann
Mo - Do 15 - 23 Uhr,
Fr und Sa ab 12 Uhr,
So ab 10 Uhr

MVV
S 4 Grafrath, 1 km vom Bahnhof

Rad
6 km Zum Unter'n Wirt (170)
6 km Alter Wirt Etterschlag (176)
8 km Seehaus Schreyegg (178)
8 km Fischer (180)
10 km Kloster Fürstenfeld (168)
15 km Königl. Waldbiergarten zu Schloss Kaltenberg (174)

Parken
Ausreichend P am Biergarten

Sitzplätze
400; fast durchweg Holzgarnituren

Essen
Übliche Auswahl; zu empfehlen: Hendl, Steckerlfisch

Kinder
Großer Spielplatz in schöner Lage, gut einsehbar

Plus
Schöne Lage, einmalige Historie, günstige Preise

Minus
Alles beschirmt

Fazit
Schönes, längst vergessenes Stück „Heimatkunde“

172 Unser Tipp:

Auf Mooskuhs Spuren
Das Dampfschiff von Grafrath zum Ammersee nannte man scherzhaft *„Mooskuh“*, weil das Schiff durchs Ampermoos fuhr. Heute haben wir keine Mooskuh mehr, wir müssen schon selber strampeln. Am besten mit der S4 nach Grafrath, dann geht es per Rad übers Dampfschiff und weiter an der Amper entlang auf Radweg und Straße via Eching nach Stegen am Ammersee mit Badegelände und den nächsten Biergärten (170 und 176). Wer noch Kraft hat, fährt weiter zur S 8 nach Herrsching.

Königlicher Waldbiergarten zu Schloss Kaltenberg

Wahrlich erhaben ist er, der Name dieses Biergartens. Aber zu recht, wie wir feststellen. Idyllisch gelegen zu Füßen des 1292 erbauten Schlosses Kaltenberg, beschirmt von alten Buchen, mittendrin in der mittelalterlichen Kulisse der berühmten Ritterspiele. Fast 17 Jahre war dieses Biergarten-Juwel im Dornröschenschlaf versunken, jetzt ist alles wieder so, wie es sein soll. *Heinrich Prinz von Bayern* und dem umtriebigen Pächter sei Dank.

Ehrensache, dass hier die Maß im Keferloher daher kommt. Und mit ganz viel Glück erwischen wir sogar einen Schluck vom unfiltrierten Dunkeln, das nur ein paar hundert Meter von der König Ludwig Schlossbrauerei bis hierher zurücklegen muss.

Kaltenberg
BIER VON KÖNIGLICHER HOHEIT

82269 Kaltenberg · Schlossstraße 8
www.koeniglicher-waldbiergarten.de

Wann
Täglich 11 – 23 Uhr

MVV
S 4 Geltendorf, dann 45 min. Wanderweg

Rad
9 km Emminger Hof (182)
15 km Dampfschiff (172)

Parken
Großer P

Sitzplätze
1000; durchweg Holzgarnituren

Essen
Gute Auswahl; Spare Ribs, Haxn, Rollbraten von der Landmetzgerei Huber aus Jesenwang; Steckerlfisch

Kinder
Riesige, hölzerne Spielburg; ringsherum viel zu entdecken

Plus
Einzigartiges Ambiente; günstige Preise

Minus
An Juliwochenenden meist nur mit Eintritt

Fazit
Urige Zeitreise ins Mittelalter

174 Unser Tipp:

Kaltenberger Ritterturnier
Waghalsige Reiter, Feuer, Licht und Musik, Gaukler, Narren, Marketender und Spielleute, ein unvergessliches Spektakel alljährlich im Juli. Unser Geheimtipp: Sich Ende Juni eine Maß im Biergarten schmecken lassen, während direkt daneben die Ritter in der Arena trainieren. Näheres unter www.ritterturnier.de

Alter Wirt Etterschlag

Viele Münchner kennen Etterschlag noch als lästigen Ampelhalt unterwegs zu Ammer- oder Bodensee. Durch den Autobahntunnel ist das Bauerndorf Etterschlag von der Blechlawine befreit. Der Wirt hat die alte Ampel, den Schrecken der Reisenden, in den Garten gestellt.

Köstlich das kühle Kastaniendach nach dem Gifthauch der Straße, ein richtiger Dorfbiergarten mit festen Holzbänken und einem schönen Spielplatz. Wochentags öffnen die Buden erst ab 16 Uhr, wer eher kommt, holt sich das Bier drinnen oder lässt sich auf der Terrasse ein preiswertes „Handwerker-Essen" servieren. Alle Fleischgerichte sind erste Wahl. Weltklasse aber sind die Spare Ribs, die müssen Sie einfach probieren! Wenn die Biergarten-Ampel auf grün springt, ist die nächste Lage fertig!

2015 stand ein Wirtewechsel an. Eine abschließende Beurteilung war deshalb nicht möglich. Hoffentlich bleiben die Spare Ribs so einmalig gut!

82237 Etterschlag · Inninger Straße 6
Tel. (08153) 82 82

Wann
Mo - Fr 16 - 23 Uhr
Sa ab 14 Uhr
So und feiertags ab 12 Uhr

MVV
S 8 Seefeld-Hechendorf, dann Bus 952 Etterschlag

Rad
Von Weßling (S 8) kleine Straße und Radweg an der B 12;
6 km Dampfschiff (172)
6 km Seehaus Schreyegg (178)
10,5 km SeePost (184)
13,5 km Alte Villa (186)

Parken
Vor dem Haus, sonst auf der Straße; A 96 Lindau, Ausfahrt Wörthsee

Sitzplätze
500; meist fest installierte Holztische

Essen
Rinderlende vom Grill, Bratwürscht aller Art; alle Salate hausgemacht; exzellente Spare Ribs!

Kinder
neuer Spielplatz,
gut einsehbar

Plus
Bilderbuchlage im Dorf

Minus
Manch einem ist's gar zu schattig

Fazit
Schöner Dorfbiergarten
mit gutem Essen

176 Unser Tipp:

Zum Jexhof
Wenn kein Badewetter in den nahen Wörthsee lockt, dann freuen sich Große und Kleine über das *Bauernhofmuseum Jexhof* zwischen Schöngeising und Mauern. Mal schauen, ob die oide Zeit wirklich so guad war. Offen Di - Sa 13 - 17 Uhr, So und Feiertag 11 - 18 Uhr. Eintritt 4 €, Kinder 2 €. Viele Veranstaltungen vom Dirndl-Nähkurs bis zur offenen Kinderwerkstatt.

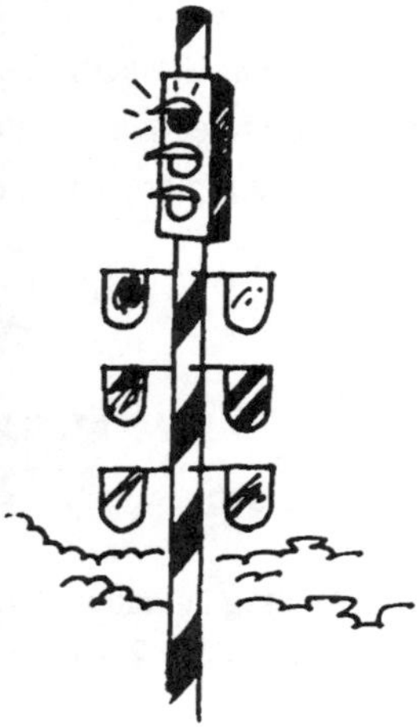

Seehaus Schreyegg

Innen ein nobles Lokal, draußen aber ein bodenständiger Biergarten ohne Besonderheiten, wenn da nicht die Lage wäre: Wie bei seinem Münchner Pendant stehen die Tische vom Seehaus direkt am Ufer. Vom Nordende des Ammersees geht der Blick übers Wasser bis weit hinein in die Berge. Der Schondorfer Zwiebelturm grüßt herüber, ansonsten Grün soweit das Auge reicht.

Selbstbediener finden am „Fenster zum See“ seitlich am Restaurant Verköstigung. Geheimtipp ist der Steirische Wurstsalat. „Geselligkeit pur“ ab 10 Personen versprechen die „Biergarten-Specials“ mit 20-Liter-Holzfass zum Selbstzapfen, dazu gibt's Spare Ribs oder halbe Hendl. Nur gegen Vorbestellung.

Obwohl die Lindauer Autobahn gleich in der Nähe vorüberrauscht, erreicht man Stegen besser auf schönen Rad- und Wanderwegen von Steinebach am Wörthsee über Inning oder von Grafrath über Eching. Wenn das Wetter passt, hat das Seehaus – auch hier ganz der Bruder des Münchner Exemplars – fast das ganze Jahr offen.

82266 Stegen am Ammersee · Landsberger Straße 78
Tel. (08143) 99 25 37 · www.seehaus-schreyegg.com

Wann
Bei schönem Wetter ganzjährig
Täglich 10 - 23 Uhr

MVV
S 4 Grafrath; Bus 952 von Gilching S-Bahn

Rad
0,2 km Fischer (180)
4,5 km SeePost (184)
6 km Dampfschiff (172)
6 km Alter Wirt Etterschlag (176)
7,5 km Alte Villa (186)
8,5 km Emminger Hof (182)

Parken
Kleiner P vorhanden, oder auf der Straße

Sitzplätze
600; durchweg Holzgarnituren

Essen
Übliche Brotzeiten;
Steirischer Wurstsalat;
„Freunde-Special“, Spare Ribs

Kinder
Kleiner Spielplatz, gut einsehbar

Plus
Blick über den ganzen See; am späteren Abend herrlich ruhig

Minus
Schirme

Fazit
Unscheinbare Einkehr in Traumlage

178 Unser Tipp:

Per Dampfer zum Biergarten
Steht das Auto am Biergarten, trinkt man meist mehr als man darf, aber weniger als man will. Warum nicht gemütlicher vom S-Bahnhof Herrsching rechtshaltend zur Dampfer-Anlegestelle gehen und dann über den See nach Stegen zum Biergarten schippern?
Am Wochenende ist allemal Zeit dazu, die Kleinen freut's sowieso und die Großen, Hand aufs Herz, kaum weniger. Leider heißt es früh wieder aufbrechen, denn der letzte Dampfer zurück geht ziemlich früh.

Fischer

Der Fischer in Stegen am Ammersee ist eine beliebte Ausflugadresse. Wir nehmen direkt am Ufer Platz und schauen tief, wenn nicht gerade in die Maß Augustiner, dann in die Alpen mit Zugspitze und Ammergauer Bergen. Hier ist Sommerfrische pur, es gibt Liegestühle, eine Strandbar, einen Bootsverleih im Biergarten selbst (siehe Tipp) und die Landungsbrücken der Ammersee-Flotte gleich nebenan.

Richtiges Badegelände – für ein paar Züge der anderen Art – lockt etwas die Straße hinab am See Richtung Inning. Für alle ist also etwas geboten. Die nahe Autobahn spült an Badewochenenden viele aus der großen Stadt Zuagroaste an den Ammersee. Das führt zu nicht unerheblichem Parksuchverkehr am Wirtshaus-Boulevard von Stegen, an dem gleich neben dem Fischer das *Seehaus Schreyegg* (178) liegt. Nach Sonnenuntergang, wenn sich die Lage in Stegen beruhigt und in der Ferne ein Kanufahrer durchs spiegelglatte Wasser zieht, dann möchten wir nimmer aufstehen und am liebsten nie mehr zurück in die Stadt.

J. W.
Augustiner-
Bräu München
gegründet 1328

82266 Stegen am Ammersee · Landsberger Straße 79
Tel. (08143) 99 28 00 · www.fischer-ammersee.com

Wann
Täglich 10 - 24 Uhr

MVV
S 4 Grafrath; Bus 952 von Gilching S-Bahn

Rad
0,2 km Seehaus Schreyegg (178)
4,5 km SeePost (184)
6 km Dampfschiff (172)
6 km Alter Wirt Etterschlag (176)
7,5 km Alte Villa (186)
8,5 km Emminger Hof (182)

Parken
Großer P gegenüber, kostenpflichtig, sonst an der Straße

Sitzplätze
300; durchweg Holztische

Essen
Currywurst mit hausgemachter Sauce; Crêpes-Stand

Kinder
Bootssandkasten unter den alten Bäumen, gut einsehbar

Minus
Zusehends weniger erinnert an einen „echten“ Biergarten

Plus
Lage am Ufer, später am Abend angenehm ruhig

Fazit
Biergarten mit Riviera-Flair

180 Unser Tipp:

Mit Ruder- und Schlauchboot

Bier- und Ruderbänke kommen beim Fischer aus einer Hand, denn im Biergarten selbst können wir uns Boote für eine Partie im ruhigen Nordteil des Ammersees leihen. Durchtrainierte können im *Schondorfer Biergarten* (184) zwischenlanden.Wer ein eigenes Schlauchboot hat, dem empfiehlt der Wirt eine Tagestour, die Amper hinab. Vorbei an *Dampfschiff* (172) und *Unter'm Wirt* (170) kommt man zum Kloster Fürstenfeldbruck mit dem Biergarten *Fürstenfelder* (168).

Emminger Hof

Andechs kennt jeder, aber den Emminger Hof in der Erzabtei St. Ottilien? Dabei ist das der westlichste aller Biergärten und somit eine Art Missionsstation als bajuwarische Speerspitze gegen das Schwabenland.

Uralte Klosterbauten gibt es hier zwar nicht, die Abtei besteht erst seit gut 100 Jahren, doch das Areal ist weitläufig und lädt zu einem Spaziergang ein. Grandios ist der Blick vom Vorplatz der Abteikirche über die Klostergärtnerei ins Gebirg.

Der Biergarten ist im unteren Teil, mit den festinstallierten Tischen durchaus griabig – mit Blick in den Gemüsegarten. Manches muss sich noch einwachsen, Klöster denken eben in anderen Zeiträumen als wir freizeitgestressten Schnappatmer. Gebraut wird hier leider nicht, man greift daher auf den Sud der Andechser Mitbrüder und der nahen Kaltenberger Königsfamilie zurück. Recht so, uns gfällt's!

Kloster Andechs seit 1455 · Kaltenberg Bier von königlicher Hoheit

---

86941 St. Ottilien

(08193) 52 38 · www.emmingerhof.de

Wann
Mo - Do 15 - 22 Uhr,
Fr - So und feiertags ab 11 Uhr

MVV
S 4 Geltendorf, 15 Min. zu Fuß;
Halt der Bahnlinie Augsburg - Weilheim („schönster Bahnhof Bayerns")

Rad
8,5 km Fischer (180)
8,5 km Seehaus Schreyegg (178)
9 km SeePost (184)
9 km Königl. Waldbiergarten zu Schloss Kaltenberg (174)

Parken
Großer P am Biergarten

Sitzplätze
800; meist festinstallierte Holztische

Essen
Große Auswahl; original fränkische Bratwürscht; Produkte vom Klostergut aus ökologischem Anbau

Kinder
Großer, schattiger Spielplatz

Plus
Schöne Lage im Klosterareal, günstige Preise

Minus
Viele Schirme im oberen Teil

Fazit
Vorposten in einmaliger Umgebung

182 Unser Tipp:

Missionsmuseum
Das klösterliche Missionsmuseum zwischen Abteikirche und Klosterpforte wurde 1911 als „Afrikamuseum" eingerichtet und birgt allerlei Schätze aus dem weltweiten Wirken der Missionsbenediktiner wie naturwissenschaftlich-ethnologische Sammlungen aus Ostafrika, Zululand oder Fernost mit vielen präparierten Wildtieren. Sehenswert ist auch das afrikanische Tierpanorama. Im Sommer offen von 10 - 12 und 13 - 17 Uhr. Eintritt frei!

SeePost

Wo früher die behäbige Schondorfer Postwirtschaft stand, öffnete 2005 die SeePost, direkt an Ammerseeufer und Dampfersteg. Auf halbem Weg zwischen den Klassikern *Etterschlag* (176) und *Alte Villa* (186) werden Radlern garantiert die Beine schwer: Bier, Brotzeit und Bergblick kann man nicht einfach links liegen lassen.

Was an einem historischen Wirtschaftsstandort nicht fehlen darf: Die Dorfkirche gleich nebenan. Besonders schön ist das abends, wenn der Kirchturm angestrahlt wird.

Langsam nehmen zwar die Lounge-Möbel überhand, dafür entschädigen allemal die traumhafte Lage und der alte Baumbestand. Wer tagsüber kommt, mag den nahen Bootsverleih in Anspruch nehmen („Tretbadeboote") oder gleich den Ammerseedampfer, der uns via Herrsching an die S-Bahn anbindet. Bei gutem Wetter spielt sonntags Bier-Jazz auf.

Empfehlenswert ist die Post auch früh oder spät im Jahr, wenn sich die weiß überzuckerten Karwendelgipfel im See spiegeln.

LÖWENBRÄU

86938 Schondorf am Ammersee
Bahnhofstraße 2 (direkt am Dampfersteg)
Tel. (08192) 93 37 53 · www.seepost-ammersee.de

Wann
Täglich 11 - 23 Uhr

MVV
S 4 Geltendorf, dann Regionalbahn nach Schondorf
S 8 Herrsching, Dampfer nach Schondorf

Rad
3 km Alte Villa (186)
4,5 km Fischer (180)
4,5 km Seehaus Schreyegg (178)
9 km Emminger Hof (182)
10,5 km Alter Wirt Etterschlag (176)

Parken
Im Hof und an der Straße, begrenzter Platz

Sitzplätze
300; überwiegend Holzgarnituren

Essen
Moderne Brotzeitstandl, gut sortiert; Steckerlfisch

Kinder
Kleiner Spielplatz im Biergarten, große Kogge gegenüber in den Seeanlagen

Plus
Lage am See

Minus
Auf den ersten Blick Restaurant-Charakter

Fazit
Traum-Platz mit Traum-Blick

184 Unser Tipp:

Jakobsweg
Neben Biergartenjüngern gibt's in Bayern auch noch richtige Pilger und für die ist die SeePost willkommene Einkehr auf dem Jakobsweg nach Santiago de Compostela in Spanien. Wem das zu weit ist, der richte seine Schritte in die uralte, romanische Jakobskirche gleich neben dem Biergarten. Dafür gibt's dann aber keinen Stempel wie für die richtigen Pilger, die sich die Zwischenstation im Biergarten bestätigen lassen können.

Alte Villa

Das Prädikat des westlichsten Biergartens überhaupt hat die Alte Villa inzwischen abtreten müssen, aber das nimmt ihr nicht den unbandigen Reiz: Wer aufs Ufermäuerchen steigt, blickt übers Schilf auf die Weite des Ammersees, und dahinter tut sich lichtblaues Gebirg auf.

Sonn- und feiertags, manchmal auch samstags lädt die Villa zum Jazz-Frühschoppen. Statt Eintritt werden alle Getränke dann 1 Euro teurer. Unter uns: Die benachbarte *SeePost* in Schondorf verlangt bei Musik keinen Extra-Obolus. Das Badegelände liegt gleich in der Nähe, und wenn es zu heiß wird, genießen wir die Holzbänke im Park umso mehr. Wie schön, dass die Bänke nicht im Karree ausgerichtet sind, sondern sich dem Gelände anpassen.

Ruhig, weitläufig und überaus schattig ist es hier, sogar ein kleiner Teich erfreut das Auge. Die Brotzeiten sind preiswert und auch bei Kaiserwetter werden die Essensstandl mit dem Andrang fertig. Kurz: Ein herrlicher, ein würdiger Vorposten im fernen Westen von Biergartenland!

86919 Utting am Ammersee · Seestraße 32
Tel. (08806) 53 44 56 · www.alte-villa-utting.de

Wann
Täglich 11 - 22.30 Uhr

MVV
S 8 Herrsching, dann Dampfer

Rad
Am See meist Straßen;
3 km SeePost (184)
7,5 km Fischer (180)
7,5 km Seehaus Schreyegg (178)

Parken
Zufahrt von der Straße zwischen Schondorf und Utting beschildert, P vor dem Campingplatz, 5 Min. zu Fuß

Sitzplätze
800; durchweg Holztische

Essen
Kalte Brotzeiten preiswert;
Brathendl, Steckerlfisch;
Kuchen- und Eis-Bar

Kinder
Spielplatz gut einsehbar,
viel Auslauf

Plus
Ruhe, viel Platz,
idyllische Lage am See

Minus
Getränke bei Musik 1 Euro teurer

Fazit
Bestnoten für diesen Ausflugsbiergarten!

186 Unser Tipp:

Hochseilakt

Im Freizeitgelände in Utting am Ammersee verspricht der Hochseilgarten „Kribbeln vom Scheitel bis zur Sohle". Sicher angeleint geht es hier auf Kletterbäume, über wackelige Seilbrücken oder auf das Piratenschiff *„Wilde Gretel"*. Wer mindestens 130 cm Körpergröße vorweist und nicht mehr als 120 Kilo wiegt, darf „über sich hinauswachsen". Kinder nur in Begleitung eines Erwachsenen. Voranmeldung nicht nötig. Feste Schuhe mitbringen. Mehr unter www.hochseilgarten-ammersee.de

Seehof Herrsching

Ein Biergarten am Ammersee mit Postkartenblick und Landungsbrückenflair, wenn *Diessen* und *Herrsching* gleichzeitig festmachen. Die Seepromenade führt mitten durch den Biergarten. Zuweilen ignorieren auch Radler und Inline-Skater das Fahrverbot. Besonders am Wochenende wird es direkt am Dampfersteg sehr voll. Wohl wegen dieses Auftriebs knöpft uns der Wirt Pfand für Krüge und Teller ab. Dafür kann man dann ausgiebig Leut schaun.

Das Panorama sorgt für Ausflugsatmosphäre, der See oft für eine kühlende Brise. Nachmittags herrscht Kaffee-und-Kuchen-Publikum vor, abends spricht man dann lieber dem Saisonbier zu.

Sogar im Winter finden wir hier Tische am Seeufer – da bleibt uns nur noch auf einem Föhntag zu hoffen.

HB
MÜNCHEN

82211 Herrsching · Seestraße 58
Tel. (08152) 93 50 · www.seehof-ammersee.de

Wann
Selbstbedienung täglich
11 - 22 Uhr
Manchmal sogar im Winter offen

MVV
S 8 Herrsching

Rad
1 km Post Herrsching (190)
5 km Andechs (192, 194)
9 km Seehaus Schreyegg (178)
9 km Fischer (180)

Parken
P nur vor dem Haus

Sitzplätze
600; großteils Holztische

Essen
Gute Auswahl an kalten und warmen Speisen, Saibling oder Renke je nach Fang, Krustenbraten

Kinder
Spielplatz am Haus, einsehbar

Plus
Lage am See; viele Ausflugsmöglichkeiten; auch im Winter Biergartenbetrieb

Minus
Durchgangsweg führt durch den Biergarten, Sommerfrischler-Architektur

Fazit
Ausflugsgarten mit Dampferanschluss

188 Unser Tipp:

Herrschinger Tanzlmusi
An Wochenenden bietet der Seehof nachmittags echte Tanzmusi, also nicht das Kuhglockengemoike aus dem Musikantenstadl, sondern echte Volksmusik von Musikanten aus dem Fünfseenland, dafür garantiert der Wirt *Peter Reichert*. Der steht schon mal abends auf dem Steg und trompetet *Wenn bei Capri die rote Sonne im Meer versinkt* in den Sonnenuntergang.

Zur Post Herrsching

Ein uralter Biergarten mit – wie es heißt – 400 Jahre alten Kastanien erwartet uns hier in Herrsching. Eine Oase mit herrlichem Blätterdach nach all dem Getümmel unten am See und oben in Andechs. Drum mahnt uns auch ein Transparent im Biergarten: „Oh Wanderer, verweil nur hier, bei bestem Augustiner Bier! Ruft auch der Berg, bewahr die Ruh' und hör ihm von hier unten zu."

Das ist ein Wort – gerne bleiben wir hier am rauschenden Kienbach hocken. Der Webseite entnehmen wir, wann es hier Live-Musik gibt oder einen der amüsanten Motto-Tage. Für müde Wanderer, die dem Ruf des Berges doch nicht widerstehen konnten, bietet die Post im Garten ein Salettl mit 40 Plätzen.

Augustiner-Bräu München gegründet 1328

82211 Herrsching · Andechsstraße 1
Tel. (08152) 39 62 70 · www.hotelzurpost-herrsching.de

Wann
Täglich 11 - 22 Uhr

MVV
S 8 Herrsching, von dort in gut fünf Minuten am Fußweg Richtung Andechs

Rad
1 km Seehof (188)
5 km Andechs (192, 194), steil
9 km Seehaus Schreyegg (178)
9 km Fischer (180)

Parken
Eigener P und auf der Straße

Sitzplätze
500; durchweg Holztische

Essen
Übliche Auswahl;
Brotzeit-Brettl, Flammkuchen;
Sa/So gesurte Haxn

Kinder
Spielplatz, gut einsehbar

Plus
Ruhige Lage am Bach, alte Kastanien

Minus
Volkstümliche Beschallung aus dem Lautsprecher

Fazit
Schattige Rast im ältesten Biergarten weit und breit

190 Unser Tipp:

Durch die Todesschlucht
Herrsching bietet sich natürlich an für eine Schifferlfahrt auf dem Ammersee. Genausogut können wir aber unseren Ranzen schnüren und in gut einer Stunde den Berg nach *Andechs* (192, 194) erklimmen, eine wunderschöne Wanderung durchs wildromantische Kiental. Und wie das Bier dann erst schmeckt! Aber Vorsicht: Mancher allzu forsche Möchtegern-Alpinist hat seine Kühnheit bereits mit dem Todessturz in die dräuende Schlucht bezahlt.

Kloster Andechs Bräustüberl

Beschauliche Einkehr brauchen Sie hier nicht zu erwarten, dafür sorgen schon der Parkplatz und die vielen Busladungen aus nah und fern. Sind die Scharen einmal den steilen Berg hinauf, finden sie im Hofkarree Schatten unter den vielen Schirmen. Den sonst üblichen Biergartenkies findet man hier nicht, es ist alles gepflastert.

Die Essensausgabe ist perfekt durchrationalisiert; den berühmten Doppelbock, das Helle oder Weißbier gibt's zu fairen Preisen.

Die Klosteroberen wollten Andechs aus seinem Herrgottswinkel herausholen und wieder zum Zentrum des geistigen und kulturellen Leben machen. Wie den Spagat schaffen zwischen mönchischer Askese und dem prallen bayerischen Leben? Das fragen wir uns auch bei einer knusprigen Schweinshaxn und einer süffigen Maß.

82346 Erling-Andechs · Bergstraße 2
Tel. (08152) 37 60 · www.andechs.de

Wann
Täglich 10 - 20.45 Uhr
Ausschank bis 20 Uhr
Weihnachten, Neujahr und Karfreitag geschlossen

MVV
S 8 Herrsching, Bus 951 vom Bahnhof, fährt selten, letzter Bus zurück gegen 20 Uhr

Rad
Radweg (nicht ganz durchgehend) von Starnberg über Perchting (14 km)
5 km Post Herrsching (190)
6 km Seehof Herrsching (188)
12 km Tutzinger Biergarten (200)

Parken
Riesen P am Fuß des Klosterberges

Sitzplätze
2500; durchweg Holztische

Essen
Gerühmte Haxn, Bergkäs

Kinder
Großer Abenteuer-Spielplatz weiter unten am Klostergasthof, nicht einsehbar

Plus
Herrliche Lage, viele Spazierwege, stets offen, bestes Bier

Minus
Am Wochenende oft überlaufen, wenig Bäume im Hof

Fazit
Karawanserei mit sagenhaftem Bier

192 Unser Tipp:

Biergarten im Winter!
Dies ist der einzige „Biergarten“, den wir weniger im Sommer als im Winter empfehlen, unter der Woche, möglichst bei grausligem Wetter, dann, wenn keine Busladungen, sondern nur die ganz Eingefleischten hier heraufkommen ins urgemütliche Bräustüberl und ihren Doppelbock schlürfen. Es ist auch drinnen erlaubt, die Brotzeit mitzubringen, eine Bedienung gibt's nicht, die hätte nur den Mönchen die Sinne betört. Das ist wie Biergarten im Wirtshaus!

Klostergasthof Andechs

Jeder ist schon vorbeigekommen, auf dem Weg nach ganz oben: Wer keine Lust hat dort oben im allzu sonnigen Innenhof abgespeist zu werden, dem sei in halber Höhe, knapp rechts vom Weg der Hauptkarawanen, der viel kleinere, aber schattige Biergarten des Klostergasthofs empfohlen. Eine willkommene Erquickung, wenn uns angesichts des sakrisch steilen Aufstiegs der rechte Bergbock abgeht.

Allererste Wahl ist die Lachsforelle mit 19 Kräutern, (ausser Montags), Vergleichbares kennen wir aus keinem anderen Biergarten. Es gibt den legendären Doppelbock und 3 weitere Sorten Andechser Bier.

Hier geht's beschaulicher zu und biergartiger ist es obendrein. Kastanien, Kies, Brotzeitstandl – das ist der eigentliche Biergarten von Andechs. Und das schönste dran: Wenn Leut da sind, hat der Biergarten viel länger auf als das Bräustüberl. Ausprobieren!

82346 Andechs · Bergstraße 9

Tel. (08152) 9 30 90 · www.klostergasthof.de

Wann
Täglich 10 - max. 23 Uhr

MVV
S 8 Herrsching, Bus 951 vom Bahnhof, fährt selten, letzter Bus zurück gegen 20 Uhr

Rad
Radweg (nicht ganz durchgehend) von Starnberg über Perchting (14 km)
5 km Post Herrsching (190)
6 km Seehof Herrsching (188)
12 km Tutzinger Biergarten (200)

Parken
Riesen P am Fuß des Klosterberges

Sitzplätze
350; durchweg Holztische

Essen
Übliche Auswahl; die Lachsforelle ist ein Genuss!

Kinder
Schöner, großer Spielplatz gleich unterm Biergarten, kaum einsehbar; keine Autos

Plus
Biergarten-Atmosphäre, Schatten von Kastanien, gutes Essen

Fazit
Andechs etwas intimer

194 Unser Tipp:

Andechs Kultur
Genießen Sie den altbayrischen Dreiklang aus Bier, Musik und Kirchenkunst: Im Florianstadl, dem ehemaligen Brauereigebäude, steigen anspruchsvolle Konzerte einschließlich der Carmina Burana – Komponist *Carl Orff* liegt oben in der Klosterkirche begraben. Noch stimmungsvoller ist die Alte Bibliothek für kleinere Konzerte vom Harfenduo bis zur Frauenhofer Saitenmusik.
Näheres unter www.carl-orff-festspiele.de

Hof-Biergarten Grenzebach

Weit draußen, südlich vom Ammersee, genauer in Stillern bei Raisting, erreichbar nur über ein Sträßlein, liegt mitten im fetten Bauernland und ganz unerwartet der Hof-Biergarten. Wo sonst haben wir einen Landwirt als Wirt? Der zunächst nur eine Käserei mit Hofladen betrieb, dann fragten vorbeikommende Radler nach Trinkbarem und so entstand 1993 der Biergarten. Herrlich unaufgeregt ist es hier geblieben zwischen Wiesen, Bächen und der hauseigenen Kapelle (Feldmesse am 1. Mai). Platz ist weit herum, die Biertische stellen wir uns dahin, wo's behagt.

Der Aufdruck auf den Bierkrügen zeigt die Großeltern Grenzebach nebst ihrer prämierten Kuh Fanny. Vom „Rufus" hat die Fanny noch nichts geahnt – das ist der bierfilzgroße Pager, der uns ruft, wenn die Bio-Spare Ribs fertig sind. Zum Sonnwendfest lodert ein großes Feuer und die Musik spielt auf (Eintritt). Das Salettl schützt uns, wenn's mal duscht.

Der Hof-Biergarten ist ein Paradies für Radler, Wanderer, Ökofans und Kinder – ideal für einen Sonntag auf dem Land.

82399 Raisting · Stillern 1
(08809) 675 · www.hof-biergarten.de

Wann
Mi - Fr ab 17 Uhr,
Schankschluss nach Andrang
Sa/So, feiertags ab 12 Uhr

Rad
16 km Andechs (192, 194)
18 km Alte Villa (186)

Parken
P ausreichend vorhanden

Sitzplätze
250, durchweg Garnituren, samt Salettl

Essen
Biofleisch, hervorragende Brezn, Bauernsalat, hausgemachte Salate

Kinder
Spielplatz vorhanden, Kamerunschafe im Streichelgehege

Plus
Herrlich unaufgeregt, preisgünstig

Fazit
Einer wie keiner – ausprobieren!

196 Unser Tipp:

Bayern grüßt den Rest der Welt

Einst galt die Erdfunkstelle Raisting als Symbol für den Aufbruch des Agrarlandes Bayern in die Moderne. Heute ist das Radom zum Denkmal erklärt – so schnell kann's also gehen. Die Anlage soll der Öffentlichkeit zugänglich gemacht werden – wann, ist ungewiss. Einmalig ist der Kontrast des uralten Kirchleins vor den weißen Alienmonstern und der Alpenkette im Hintergrund. Anschauen!

Maisinger Seehof

Fast verloren im fetten Bauernland, weit weg vom Autoqualm, von Alltagssorgen, Freizeitstress, lädt dieses kleine Idyll zu einer Rast am Ufer des Maisinger Moorsees ein. Oben auf der Uferböschung stehen die Holztische, mit Licht und Schatten, ganz wie's gefällt. Unten tollen die Kinder am Bach, jagen durchs Schilf oder paddeln im warmen Seewasser. Großstadt ade, ringsum nichts als Felder, Weiden, Wälder. Das wissen auch die anderen Leute und drum wird es am Wochenende gerne voll.

Als besonderes Schmankerl schenkt man hier das Weißbier aus der Familienbrauerei Jacob aus.

Wer mit dem Auto kommt ist selber schuld; viel besser schmeckt die Maß, nach einer Wanderung von Tutzing oder Andechs herüber. Der König-Ludwig-Weg führt direkt vorbei. Lieber einen Kniaschnackler eingfangt als bleifußkrank geworden!

82343 Maising-Pöcking · Seestraße 14 am Maisinger See
Tel. (08151) 74 42 42 · www.maisingerseehof.de

Wann
Von April bis Oktober täglich 10 - 22 Uhr, Montag Ruhetag (falls Mo Feiertag, dann Dienstag Ruhetag)

MVV
S 6 Possenhofen,
Bus 962 Maising (Mo - Fr)

Rad
9 km Tutzinger Biergarten (200),
10 km Andechs (192, 194)

Parken
Großer P anbei

Sitzplätze
450; durchweg Holztische

Essen
Bestellungen werden frisch bereitet, man bekommt einen Summer; selbstgeräucherter Fisch

Kinder
Spielplatz vorhanden;
Bach, Wald, See

Plus
Lage am Seeufer,
kein Autolärm

Minus
Am Wochenende oft voll

Fazit
Ideale Sommerfrische im Herzen des Fünfseenlands

198 Unser Tipp:

Durch die Maisinger Schlucht

Tief hat sich der kleine Maisinger Bach in die Nagelfluhschichten der Eiszeit hineingesägt und uns damit einen wunderschönen Wandercanyon geschaffen, inklusive Höhlen und angrenzendem Standortübungsplatz. Von Starnberg der Straße Richtung Herrsching folgen, dann links ab in die schattige Schlucht. Am Bach auf oft feuchtem Wanderweg entlang bis Maising. Am anderen Ende des Dorfes über das Stichsträßlein zum Biergarten am See.

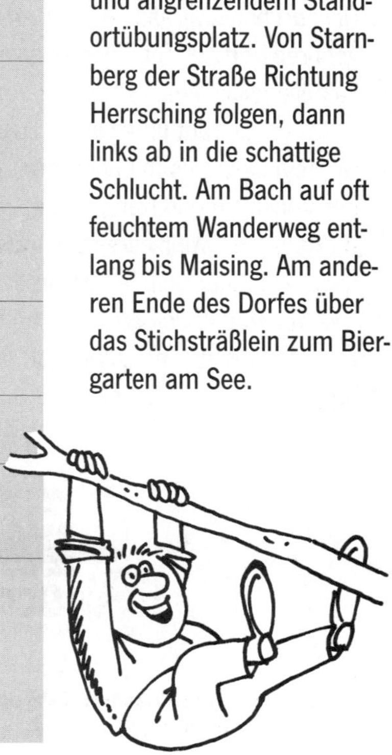

Tutzinger Biergarten

Der Garten Eden auf einer kleinen Landzunge, nur durch den Uferweg vom Türkis des Starnberger Sees getrennt. Die leichte Brise macht auch heiße Tage erträglich, hinterm Haus liegt sowieso Badegelände. Wer Umkleidekabinen benötigt, der findet das Tutzinger Strandbad nur wenig nördlich von hier. Herrlich der Blick aufs andere Ufer mit den behäbigen Dörfern, die sich die Hügel hinaufziehen. Dort drüben ist *Oskar-Maria-Graf*-Land, dort wurde er geboren und auf dem Friedhof von Aufkirchen liegt seine Familie begraben.

Im Restaurant im gleichen Haus wird groß aufgekocht, wir begnügen uns mit dem familiär wirkenden Biergarten, der früher auf den Namen *Zum Häring* hörte. Ideal ist die Uferlage zum Weißwurstfrühstück, denn vormittags spitzt die Sonne über den See her in den Biergarten.

Also: Traumblick genießen und Badehose nicht vergessen! Und wenn's mal kühler ist: Ein Stapel Decken liegt bereit, bedienen Sie sich!

J. W.
Augustiner-
Bräu München
gegründet 1328

82327 Tutzing · Midgardstraße 3-5
Tel. (08158) 12 16 · www.haering-wirtschaft.de

Wann
Täglich 10 - 23 Uhr

MVV
S 6 Tutzing, oder per Schiff von Starnberg

Rad
Uferradweg Starnberger See; 12 km Andechs (192, 194)

Parken
Zufahrt von Straße Starnberg-Tutzing, nach Ortseingang Tutzing links; P am Haus

Sitzplätze
250; durchweg Holztische

Essen
Günstiges Tagesessen; Eigene Bäckerei; Spezialität des Hauses: selbstgemachter Obatzda. Viele Brotzeiten, Steckerlfisch, Weißwurstfrühstück

Kinder
Bach, Badewiese, Karussell

Plus
Direkt am See, schöner Blick, Badewiese

Fazit
Traumlage an Münchens beliebtestem Ausflugsziel

200 Unser Tipp:

Ludwigs und Sissis Stelldichein

Die bayerischen Märchenmonarchen verband neben einer schwärmerischen Freundschaft auch der Starnberger See: Die spätere Kaiserin wuchs auf in Schloß Possenhofen (heute privat), auf der Roseninsel bei Feldafing (Fährdienst) trafen sich die beiden verwandten Seelen wieder und wieder, sogar im Midgardhaus am heutigen Biergarten gaben sie sich die Ehre.
Bei Berg ertrank Bayerns König im Starnberger See (Votivkapelle und Gedenk-Kreuz).

Bruckenfischer

Radler, Autoausflügler, Schlauchboot und Floßfahrer sind sicher schon an dieser klassischen Ausflugsstätte vorbeigekommen, direkt an der Isarbrücke von Schäftlarn und vor der ersten Straßenschikane bevor es steil Richtung Deining hinaufgeht. Die Lage zwischen Isar und Isarkanal wäre ideal, würde nicht ein öffentlicher Weg den Biergarten mitten entzwei spalten. Hier fluten die Radler und Wanderer durch, von denen manche tatsächlich den Versuchungen des Biergartens widerstehen. Vor allem aber quälen sich parkplatzsuchende Autos vorbei, denn Abstellplatz finden die erst hinterm Wirtshaus. Schritt-Tempo kann man den PS-Boliden offenbar nicht angewöhnen. Der Spielplatz liegt direkt an der Parkplatzzufahrt. Neuerdings sind hier einige antike Traktoren ausgestellt.

Am Isarufer unter hohen Bäumen Platz genommen, erwartet uns ein schöner Blick auf Kloster Schäftlarn.

LÖWENBRÄU

82544 Egling · An der Schäftlarner Brücke · Dürnstein 1
Tel. (08178) 36 35 · www.bruckenfischer.de

Wann
Sa/So, feiertags 10 - 22 Uhr unter der Woche Bier drinnen holen

MVV
S 7 Hohenschäftlarn,
Bus 961 Kloster Schäftlarn,
nur an Schultagen

Rad
1 km Schäftlarn (206)
7 km Aujäger (204)

Parken
P hinterm Haus oder auf der anderen Straßenseite

Sitzplätze
450; durchweg Holztische

Essen
Übliche Auswahl, z.T. aus der Warmhalteglocke; preiswert

Kinder
Spielplatz vorhanden, aber direkt an der Parkplatzzufahrt

Plus
Schöne Lage an der Isar

Minus
Parksuchverkehr mitten im Biergarten

Fazit
Ausflugsbiergarten mit Durchgangsverkehr

202 **Unser Tipp:**

Niagara an der Isar
Etwas oberhalb der ersten Spitzkehre an der Straße zweigt links das Sträßlein zur Mühle ab, einem alten Gasthaus direkt an der längsten Floßrutsche der Isar. Eine kurze Wanderung bringt uns in den herrlichen Wirtsgarten. Am besten Flöße schauen kann man gegen Mittag: Uns Zaungästen scheint es ja nicht so sakrisch steil, den Fahrgästen aber kommts, den Gesichtern nach zu schließen, wie ein Sturz übern Niagara-Fall vor. Dann geht die wilde Fahrt hinab, uns gischtet nur etwas Isarwasser über den Maßkrugrand. Oben zittern schon die nächsten Niagara-Aspiranten.

Aujäger

Am Südrand der Pupplinger Au, an der Straße von Wolfratshausen nach Egling, liegt linkerhand der durchaus ländliche Biergarten. Der Aujäger ist eine ideal gelegene Raststation für eine Wanderung oder Radltour entlang der Isar (siehe Tipp).

Auf der Sonnenseite des Gasthauses regiert die Kellnerin, doch vorne gibt's Selbstbedienung. Unter der dicken korrigen Linde steht ein langer globiger Stammtisch mit zwei halben Baumstämmen zum Sitzen.

Die Kinder haben viel Platz, der Blick geht am Maibaum vorbei über die weiten Auwiesen – ein Idyll besonders in der Abendsonne, wenn vorne auf dem Weg Skater, Radler oder eng umschlungene Paare vorüberziehen.

82544 Puppling · Austraße 4

Tel. (08171) 7 85 56 · www.aujaeger-puppling.de

Wann
10.30 - 23 Uhr
Mo, Di Ruhetag

MVV
S 7 Wolfratshausen, 20 Min. zu Fuß

Rad
8 km Schäftlarn (206)

Parken
großer P vorhanden

Sitzplätze
450; durchweg Holzgarnituren

Essen
Übliche Auswahl zu günstigen Preisen; Sonntag Steckerlfisch und Grillgerichte

Kinder
Kleiner Spielplatz, gut einsehbar

Plus
Schöne Lage, preiswertes Essen

Minus
Wochentags hat die Gartenschänke nicht immer offen

Fazit
Freizeitfreundlicher Biergarten in idyllischer Lage

204 Unser Tipp:

Paradies für Inline-Skater
Besonders die Skater schätzen die flache und geteerte, aber autofreie Straße an der Isar entlang bis Schäftlarn und weiter an der Isar zum Gasthaus Mühle direkt an der längsten Floßrutsche der Isar. Das gilt natürlich auch für Radler: Die S-Bahn nimmt Sie und Ihr Gefährt bis Wolfratshausen mit, dann geht s am Aujäger vorbei nach Norden zurück.

Klosterbräu Schäftlarn

Im weiten Talgrund der Isar liegen Kloster Schäftlarn und der Bräu, ein klassisches Ausflugsziel – mit angeschlossenem Hotel für Sitzenbleiber. Die Fassade des ehrwürdigen Gasthauses wurde erneuert.

Schön ist der Blick auf Kloster und Isartal. Das wissen auch die vielen Radler, die hier einkehren, vor allem, wenn sie den langen Berg nach Hohenschäftlarn hinauf noch vor sich haben. Von Ebenhausen (S-Bahn) führt ein Fußweg direkt hinab zum Kloster.

Die Gartenschänke hat nur am Wochenende geöffnet, an den anderen Tagen muss man sich das Bier drinnen im Lokal holen.

LÖWENBRÄU

82067 Ebenhausen-Schäftlarn · Kloster Schäftlarn 16
Tel. (08178) 36 94 · www.klosterbraeustueberl-schaeftlarn.de

Wann
Täglich 9 - ca. 22 Uhr
z.T. schon im Februar offen!
Gartenschänke nur am Wochenende

MVV
S 7 Hohenschäftlarn
Bus 961 Kloster Schäftlarn, nur an Schultagen

Rad
Steinige Wege entlang der Isar, bequemer von Pullach entlang der B11;
1 km Bruckenfischer (202)
8 km Aujäger (204)

Parken
P anbei

Sitzplätze
500; durchweg Holzgarnituren bis hin zum Spielplatz

Essen
Täglich: 3-Gang-Menu
Do: Großes Grillbuffet

Kinder
Eingezäunter Spielplatz mit Trampolin, einsehbar

Plus
Kloster, Lage im Isartal

Minus
Straßenlärm

Fazit
Für durstige Radler und Kunstbeflissene überaus einladend

206 Unser Tipp:

Barockmusik
Vom Biergarten müssen Sie nur über die Straße gehen zur altberühmten Klosterkirche Schäftlarn. Von außen wirkt der Bau einfach, innen glänzt überaus barocke Pracht. *Cuvilliés, Viscardi, Fischer, Gunetzrhainer, Zimmermann* – das ganze Who's Who des bayerischen Barock und Rokoko hat an Bau und Ausgestaltung mitgewirkt.
In der Kirche finden meist samstags die Schäftlarner Klosterkonzerte statt (Tel. 08178-3435 und www.schaeftlarner-konzerte.de.). Für Blumenliebhaber lohnt sich ein Blick in den Prälatengarten.

Grünwalder Forstwirt

In der ersten Auflage dieses Biergartenführers firmierte der Biergarten noch als *Entenalm*. Sie gehörte den Münchner Trambahnern. Draus ist der Grünwalder Forstwirt geworden, der freilich in Straßlach liegt.

Eine Stichstraße bringt uns zum ruhigen, weitläufigen Gelände. Der Blick reicht über die Felder bis in die Alpen hinein. An die Straßenbahner-Vergangenheit erinnert der echte weiß-blaue Tramwagen, der sogar ein Stück Gleis unter den Rädern mitnehmen durfte.

Leider hat der Forstwirt recht eingeschränkte Öffnungszeiten, jedenfalls was den Biergarten selbst betrifft. Samstags sind gerne Hochzeitsfeiern und nur sonn- und feiertags schenkt man uns hier eine frische Maß ein. Doch auch dann kann schon am frühen Abend Schluss sein. Ansonsten gibt es hier naturgemäß wenig Gedränge, für die Kinder bleibt genügend Platz zum Fußballspielen oder zum Räuber und Schandi.

Herzoglich Bayerisches Brauhaus Tegernsee

82064 Straßlach · Riedweg 41
(08170) 2 13 · www.gruenwalder-forstwirt.de

Wann
Sa/So, Feiertag ab 11.30 bis abends, je nach Andrang

MVV
Bus 271 von S 7 Höllriegelskreuth

Rad
Von Deisenhofen
7 km Kugleralm (140) durch Grünwalder Forst
7 km Bruckenfischer (202)

Parken
Großer P vorm Haus

Sitzplätze
350; durchweg Holztische

Essen
„Alpenländische Küche“; Biofleisch vom Packlhof aus Eurasburg

Kinder
Großer, schattiger, parkähnlicher Spielplatz; viel Auslauf

Plus
Ruhige Lage

Minus
Magere Verfügbarkeit

Fazit
Ruhiger Ausflugsbiergarten

208 Unser Tipp:

Vorsicht Wadlbeißer!
Gar nicht weit ist es vom Kloster Schäftlarn oder Deininger Weiher zum *Forstwirt*, doch müssen Sie von der Isar herauf ein paar Schweißtropfen investieren und auch der Deininger Weiher geht nicht kostenlos her. Versteckte Badeweiher liegen südlich bei Thanning und Harmating. Wer noch nicht genug hat, schnauft im Süden des Harmatinger Weihers hinauf bis zur Peretshofener Höh, eine der prachtvollsten Aussichtswarten Oberbayerns. Schön liegt auch das *Gasthaus zur Mühle*, direkt an der längsten Floßrutsche der Isar.

Wo es sich sonst noch lohnt

Dieser Anhang führt einige Biergärten auf, die sich zwar nicht „qualifiziert" haben, einen Besuch aber trotzdem lohnen. Wenn Sie Ihren Lieblingsgarten nur hier finden, heißt das nicht, dass er weniger schön wäre als andere, sondern nur, dass er unsere zugegeben strengen Aufnahmekriterien nicht voll erfüllt hat. Ganz unerwähnt bleiben in jedem Fall die sogenannten Biergärten, die das Mitbringen der eigenen Brotzeit nicht erlauben.

Bräustüberl Schloss Seefeld

Mal was ganz anderes: Ein Biergarten in mittelalterlicher Schlosskulisse. Wegen Denkmalschutz gibt es keine Essensstandl und keinen Spielplatz, aber auch bayerisches Essen à la carte und für die Kinder das riesige, autofreie Schlossareal. Sonntags ein- bis zweimal im Monat Live-Musik mit Jazz, Dixie, Blues.

Offen täglich 10 - 24 Uhr. Großer P. Graf Toerring Bier, Huber Weisse. 320 Sitzplätze. Kein Spielplatz.

82229 Seefeld · Schlosshof 4c
Tel. (08152) 9 91 20 · www.braeustueberl-seefeld.de

El Diablo

Ein Mexikaner in Gilching – und trotzdem ein Biergarten! Mitten in der Biergarten-Diaspora zwischen Germering, Gauting und Seefeld der einzige Lichtblick. Gleich neben der S-Bahnstation und mit extra langer Öffnungszeit. Hossa!

Offen 15 - 1 Uhr, sonntags ab 12 Uhr. S 8 Gilching-Argelsried. P vorhanden. Löwenbräu. Essen: Spare Ribs, Saurer Käs, hausgemachte Breznknödel. 380 Sitzplätze.

82205 Gilching · Römerstraße 11
Tel. (08105) 77 68 77 · www.eldiablo-cantina.com

Erdinger Weißbiergarten

Ein wunderbar schattiges Kastaniendach empfängt uns, die Maß Weißbier im Keferloher freut uns. Besonders schön ist's hier am frühen Abend, wenn die tiefstehende Sonne unters Blätterdach hineinscheint. Leider hat die Selbstbedienung nur bei allerstrahlendstem Wetter offen.

Täglich 17 - 23 Uhr, Wochenende ab 16 Uhr. U 6 Klinikum Großhadern. P auf der Straße und hinterm Biergarten. Erdinger Weißbräu. 250 Sitzplätze. Kinderspielplatz.

81377 München-Großhadern · Heiglhofstraße 13
Tel. 7 19 43 00 · www.gasthaus-zum-erdinger-weissbraeu.de

Prinzregentgarten Riem

Der Maibaum, samt Gockel, ist 32 Meter hoch und weist von weit her den Weg zum Biergarten. Alte Kastanien spenden Schatten und auch das Brotzeit mitbringen ist hier gestattet. Da wundern wir uns doch, dass die Schank im Garten nicht auf Selbstbedienung eingestellt ist.

Offen täglich 11.30 - 22 Uhr. S 2 Riem. P ringsum ausreichend. Paulaner. Essen: immer dienstags Grillabend im Biergarten. 120 Sitzplätze. Kleiner Spielplatz im Garten.

81829 München · Riemer Straße 350
Tel. 9 45 39-5 15 · www.prinzregent.de

Stoibermühle

Das Landgut Stoibermühle ist uralt, der Biergarten erst ein Vierteljahrhundert, doch hat er sich gut entwickelt und bietet schattige Kastanien. Der Flughafen liegt nahe, ficht aber die Einheimischen nicht an. O-Ton: „Mir sitz'd ma in der Stoiba und grad schee is."

Offen täglich 10 - 23 Uhr. S 1 Freising. P vorhanden. Huber Weisse und Augustiner Bier. Essen: Sa/So Steckerlfisch und Haxn. 600 Sitzplätze, durchweg Holz. Kinder: Spielplatz, Wiese und Badegelände.

85417 Marzling · Stoibermühle 1
Tel. (08161) 8 23 68 · www.stoibermuehle.de

Waldwirtschaft Bienenheim

Ein schöner Biergarten, in dem man sich schon weit weg von der Stadt wähnt. Man weiß nur leider nie so recht, ob das Bier nun der Ober bringt oder ob man es selbst holen darf... Brotzeit mitbringen ist zwar offiziell erlaubt, hat sich jedoch noch nicht so recht eingebürgert.

Offen 13 - 22 Uhr, Montag Ruhetag. Ausreichender **P**. *Brauerei Maisach. 350 Sitzplätze an gedeckten Holz- und Plastiktischen. Kein Spielplatz.*

81249 München-Lochhausen · Bienenheimstraße 11
Tel. 8 64 14 54 · www.waldwirtschaft-bienenheim.de

Wirtshaus am Hart

Der urige, fast ländlich wirkende Wirtsgarten hat's mit der Selbstbedienung schon immer schwer gehabt und sie deshalb inzwischen ganz abgeschafft. Schade drum. Zum Trost bietet das „Bayerische Rabattstünderl" von 14.30 bis 16 Uhr extra günstiges Bier. Das Hinterhof-Theater spielt im Haus.

Offen 11 - 23 Uhr. U2 Am Hart. **P** *in den umliegenden Straßen. Löwenbräu. 300 Sitzplätze. Spielplatz.*

80937 München-Am Hart · Sudetendeutsche Straße 40
Tel. 37 77 96 02 · www.theater-platz.de

Dieses Buch wird immer dicker ...

... ist das nicht schön? Wieder haben sich einige Biergärten neu qualifiziert. Wir freuen uns über:

- Alter Wirt Moosach 54
- Ayinger-Ottobrunn 100
- Paulaner Seegarten 112
- Ritterschwemme Kaltenberg 174
- Schusterhäusl (Germering) 118
- Viehhof / Zur Freiheit 28

Einige Biergärten mussten wir für diese Auflage leider streichen – weil sie inzwischen auf Vollbedienung umgestellt haben oder wegen Totalumbau und derlei Widrigkeiten. Hoffentlich können wir diese Biergärten in der nächsten Auflage an dieser Stelle wieder begrüßen:

- Gut Freiham
- Gut Keferloh
- Schloss Oberschleißheim
- Siebenbrunn

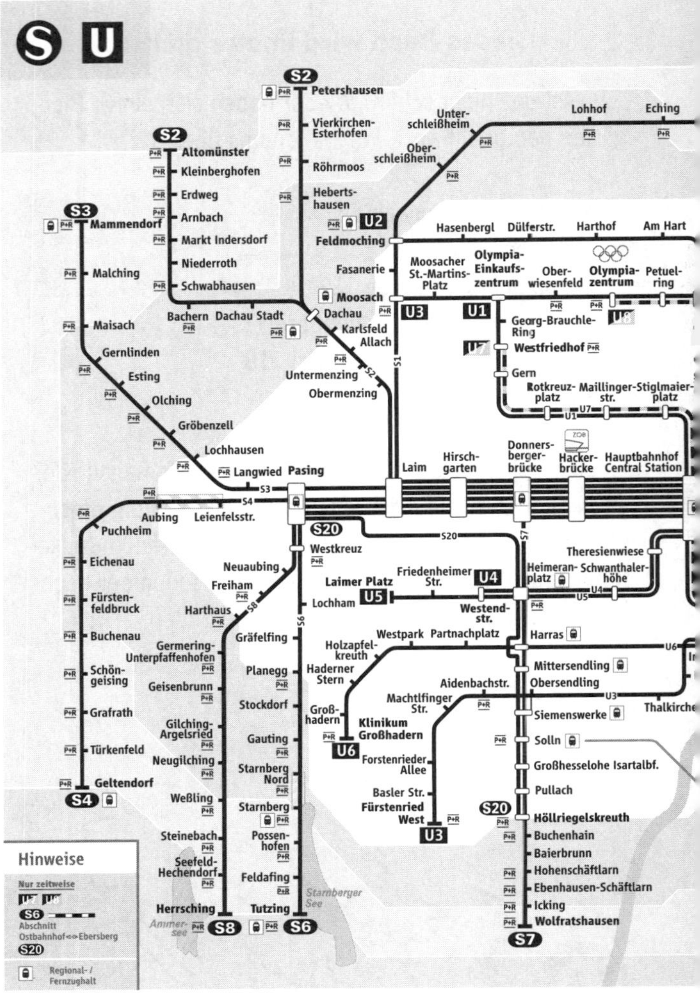

Das Biergartennetz

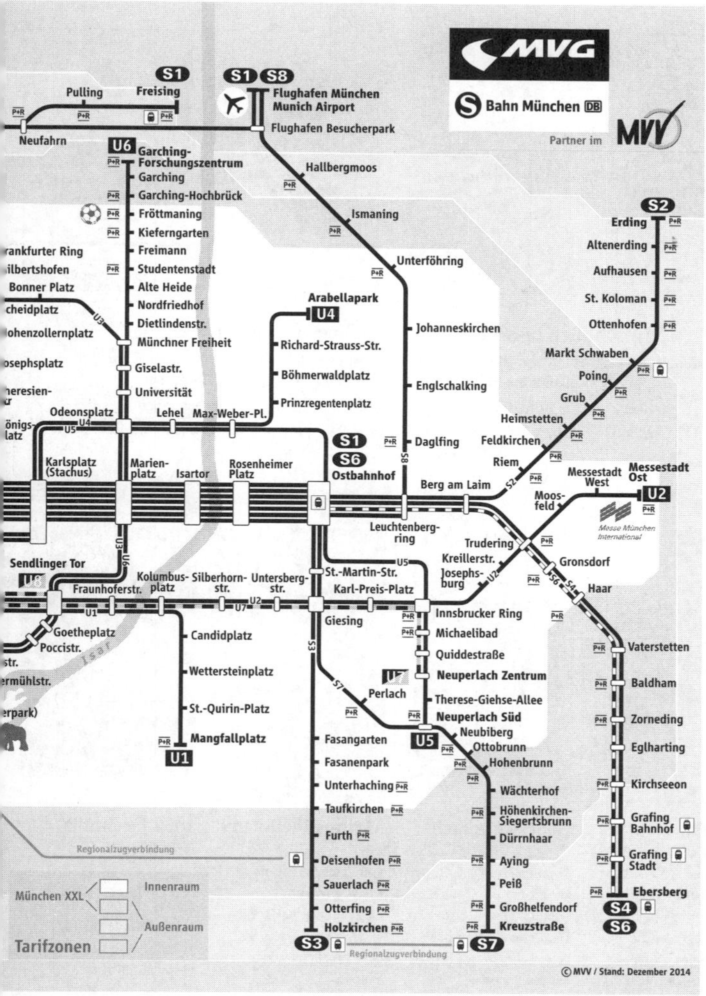

Linientreue wissen es, Quereinsteiger ahnen es: Die meisten Biergärten sind bequem per MVV zu erreichen. Also warum das Auto bemühen? Wenn man selber fährt, trinkt man oft mehr als man darf, aber weniger als man will. Drum lassen wir uns lieber für einen Obolus chauffieren. Na dann: Oane geht no!

Weitere Bücher aus dem Knürr Verlag

München-Klassiker: Uns Münchner wenn's ned gaab …

Münchner G'schichten von Max Spiegl – Der »Joseph« und seine heiteren Beobachtungen in der Weltstadt mit Herz, mit vielen Zeichnungen von Ernst Hürlimann

Erste, zweite dritte und vierte Folge je 160 Seiten, 14 x 21 cm, gebunden.

ISBN 978-3-928432-09-2 bzw. 978-3-928432-13-9 bzw. 978-3-928432-27-6 bzw. 978-3-928432-40-5

je € 9,90 (auch einzeln lieferbar!)

D'Wiesn – Geschichten rund ums Münchner Oktoberfest

Ein Blick hinter die Kulissen des größten Volksfestes der Welt von Hermann Memmel, Helmut Schmid und Max Spiegl. Zeichnungen von Ernst Hürlimann.

160 Seiten, 14 x 21 cm, gebunden
ISBN: 978-3-928432-41-2
€ 9,90

Boarisch g'lacht

Witze und Anekdoten aus Bayern von Claus M. Baumann.
Das Leben der Bayern und deren liebenswerter Umgang mit den Preussen
30 Zeichnungen

160 Seiten, 14 x 21 cm
ISBN 978-3-928432-18-4
€ 9,90

Mythos Weißwurst

von Peter M. Lill und Ludwig Margraf
Geschichten, Anekdoten und Wissenswertes über die Primadonna der Würste.

160 Seiten, 14 x 21 cm
ISBN 978-3-928432-23-8
€ 9,90

1000 Cocktails mit Bier

von Dr. Ralph Diehl

1000 Rezepte für 14 verschiedene Cocktail-gruppen mit Bier.

Biergeschichte und wertvolle Tipps eines Profi-Barmeisters

184 Seiten, 14,8 x 21 cm
ISBN: 978-3-928432-36-8
€ 19,90

ALOIS KNÜRR VERLAGS-GMBH

Sperberstraße 23 · D-81827 München · Tel. 0 89/43 76 61 00 · Fax 0 89/4 39 29 86
knuerr-verlag@t-online.de · www.knuerr-verlag.de